立岩真也を読む

稲葉振一郎＋小泉義之＋岸政彦

青土社

立岩真也を読む　目次

立岩真也を読む

はじめに

岸政彦

立岩真也が二〇二三年七月三一日、六二歳という若さで逝去した。最後まで、病床から執筆や院生指導をおこなっていたということだった。

立岩真也は戦後の日本の社会学が生み出した最大の天才だと思う。テレビに出たりするような、一般向けに有名なひと、というのはほかに何人かいるが、立岩は膨大な量の論文と本を書き、おそらく社会学のものとしては世界最大級のアーカイブをネットに築き、立命館の先端総合学術研究科（「先端研」）で大量の院生を育て、その博士論文を次々と出版させ、大学のなかに生存学研究所という巨大な研究所を設置し、ひとつの建物の四階フロアを独占する書庫とオフィスを構え、障害や難病の研究に関する国際的なネットワークを形成した。日本の社会学者で、ほかにこれほどの仕事をした者を、私は知らない。

少し個人的なことを書く。私は二〇〇六年から龍谷大学で職を得て働き始めたのだが、たまたま縁があって、二〇一七年の四月から立命館大学大学院の先端研に移籍することになった。正式に移籍することが決まる前に、京都駅のホテルグランヴィア京都のカフェラウンジで立岩真也と会った。それまでも、先端研にはいろいろとお世話になることがあり、何度か博論の口頭試問などで挨拶はしていたのだが、グランヴィアのラウンジで立岩真也とはじめてサシでゆっくり喋ったのだった。

若いころから憧れの社会学者だった立岩真也と一緒に働ける。私が先端研に移籍した最大の理由がこれだった。グランヴィアのラウンジで私はとにかく、人生で最大の喜びを感じていた。

立岩は教授会でも口頭試問でもゼミでも、それだけでなく時には飲み会ですら、目の前にタブレットとキーボードを置き、常に何かの文章を書いていた。教授会でややこしい案件が審議されているときでも、その目はいつも画面を向いて、キーボードを叩いていた。しかし話が肝心なところに入ると、いつも突然顔をあげて、きわめて的確な意見を独り言のようにつぶやき、また画面のなかへと戻っていく。ああ、ちゃんと話が聞こえてるんだな、と何度も驚いたことがある。

学問というよりあれは、信仰とでも呼べるものだったのではないかと思う。J・コルトレーンは生前、「私には娯楽とよべるものはなかった」と語っているが、立岩の場合も、酒以外に何か趣味があったのだろうか、と思う（とにかく立岩は酒が強かった）。なかったのではないか。自宅で小さな畑仕事をしていたらしいが、とにかく、その人生の大半は、「障害学」の立ち上げと発展に捧げられたのではないか。

そしてそのために切り捨て、諦めたものも多かっただろう。立岩が『文學界』二〇一七年七月号に書いた短いエッセーがある。大学院生になる頃には、それまで年間二〇〇本ほども観ていた映画も観なくなり、小説を読むこともやめた、と書かれている。

生活のすべてを社会学／障害学の研究に捧げた立岩は、孤高の天才であると同時に巨大な組織のワンマンボスでもあった。教授会の最中でもキーボードを叩くその姿自体が、「俺は俺の仕事をやるから、お前らはお前らの仕事をやれ」というメッセージのように見えたが、同時にそのワンマンぶり、剛腕ぶりも目立っていた。生存研では巨大な助成金を獲得し、多くの若手や院生を雇用していた。同時に自ら介護の会社も立ち上げていて、そこでもたくさんの若手を雇っていた。

何度か立岩とは一緒にトークイベントをやったことがある。いちど、ふたりで心斎橋の（いまはなき）スタンダードブックストアでトークをした。たくさんのお客さんが来て（わざわざ沖縄から来たひともいた）、盛り上がった。その打ち上げで串カツに行ったのだが、立岩はまったく素朴に堂々と、いちど齧った串カツをもういちどソースにつけていた。みんなで爆笑して、「ソースの二度づけ」が大阪においていかに大きなタブーなのか知らんのか、とつっこんだら、彼も笑いながら、何がいけないんだよ、と言った。

そのあと、いちどだけ大学の近くの小さな居酒屋でサシ飲みをしたことがある。ああでもないこうでもないとろくでもない世間話や陰口でさんざん酒を飲んだ。私が立岩の、院生の指導の仕方に文句を言うと、彼は怒って、そんなことどうでもいいんだよ、と言った。立岩さんほんまひとの話聞かへんな、と私は笑った。

かなり飲んで店を出ると、私は阪急西院駅へ向かって歩き出した。立岩は逆の方角にある自宅まで自転車で帰るはずだったのだが、なぜかそのあと結構な距離を、自転車を引きながら私と一緒に並んで歩いた。ああでもないこうでもないと、ぼやきを交えながら喋ったことをよく覚えている。立岩さんもう帰ってええで、というと彼は、ああ、と言いながら帰らず、結構な距離を並んで歩いた。

よい思い出だ。

あるとき私が思いつきで、京都のどっかのバーを借り切って「岸立岩バー」をやろうや、売上はどっかに寄付、というメールを出したら、一分後ぐらいに返事があって「やりましょう」と言ってくれた。結局、超多忙な立岩に遠慮して実現しなかった。いまでも悔やまれる。

私が先端研に在籍したのは六年間で、そのうちの一年間はサバティカルをいただいたから、実際に授業を担当したのは五年間だ。その五年間ずっと、立岩真也と一緒に通年のゼミをしていた。五年間一緒に仕事をして、会議も授業も一緒で、私は生存学研究所の仕事にはほとんど関わらなかったけれども、なにか困ったことがおきたときは、いつも助けてくれた。組織を立ち上げ研究全体を引っ張る剛腕がありながら、心根の優しい、人懐こい男だったと思う。

そう、組織のなかで一緒に仕事をすると、自分勝手だし他人の意見は聞かないしワンマンボスだし、ということで、なかなかいろいろ、やりにくい面もあったけど、ほんとうに心根の優しい人間だった。だからこそあれだけの情熱を傾けて、障害や難病の当事者に徹底的に寄り添った研究を長年続けていくことができたのだろう。

私は立岩のあの読みにくい文体を何度もネタにしていて、その文体を真似て書いた「もし立岩真也がカップラーメンを食べたら」という文章をブログに書いたりしている。それを読んだ立岩は「ヒマだな」と言っていた。Twitterでネタにするたびに、無言でRTされた。そういうやりとりがほんとうにうれしかった。

いろいろな事情があり、いろいろな縁もあって、私はふたたび、二〇二三年の四月から京都大学へ移籍することになった。

二〇二二年一二月一三日は、その年の最後の合同ゼミで、立岩真也から、文庫化された『良い死／唯の生』（ちくま学芸文庫、二〇二二年）をもらった。その場でサインをねだると、苦笑しながら、あの雑な字で書いてくれた。私は「ちゃんと俺の名前も書け」と言って、書いてもらった。その場で写真を撮り、「推しのサインもろた」とSNSにアップした。一二月二五日にゼミの忘年会をして、それが最後になった。そして四月に私は京大に移った。もちろん病気のことは聞いていて、それがかなり重い病気で、入院した病室からZoomでゼミに参加している、ということも聞いていた。私はその病名を検索して、けっこう治る率高いんだな、と安心していた。

七月に入って、立岩さん何してるかな、と思って、メールしよかなと思いながら、まあでも忙しいやろし、なんかそれも迷惑かな、と思っていた。七月三一日、音楽仲間と酒を飲んでいると、数名の先端研の院生さんと、先端研の元同僚からメッセージが飛んできて、亡くなったということを聞いた。私はそのまま友人には何も言わずに酒を飲み続け、店を出て、連れあいに電話をして、立岩さん亡くなったらしいと言ったら、連れあいのほうが驚いて、ショックを受けていた。家でもしょっちゅう立岩さんの話をしていたから、まるで自分の友人のように感じていたのだ。

＊

立岩の最初の単著である『私的所有論』（第2版、生活書院、二〇一三年）の最初のページには、以下のような問題設定が書かれている。（文庫版より）

(1)一人の健康人の臓器を、生存のために移植を必須とする二人の患者に移植すると、一人多くの人が生きられる。一人から一人の場合でも、助かる人と助からない人の数は同じである。しかしこの移植は認められないだろう。なぜか。その臓器がその人のものだからか。しかしなぜか。また、その人のものであれば、同意のもとでの譲渡（交換）は認められるはずだが、これも通常認められない。なぜか。

(2)例えば代理出産の契約について。それを全面的によしと思えない。少なくとも、契約に応じた産みの親の「心変わり」が擁護されてよいと考える。つまり、ここでは自己決定をそのまま認めていない。

(3)ヒトはいつ生命を奪われてはならない人になるのかという問いがある。右で自己決定の論理で推し進めていくことをためらった私は、しかし、ここで女性の「自己決定」が認められるべきだと思う。

(4)私達は明らかに人を特権的な存在としている。しかしなぜか。人が人でないものが持たないものを持っているからだろうか。このように言うしかないようにも思われるが、私達は本当にそう考えているのか。また、それは(3)に記したこととどう関係するか、しないか。

(5)売れるもの＝能力が少ないと受け取りが減る。あまりに当然のことだが、しかし、その者に何か非があるわけではない。こういうものを普通「差別」と言うのではないか、つまりそれはなくさなければならないもの、少なくともなくした方がよいものではないか。しかし、何を、どうやってなくすのか。それは可能か。

(6)他方で、私は能力主義を肯定している。第一に、私にとって価値のない商品を買わない。第二に、能力以外のもので評価が左右されてはならない場があると思う。しかし、能力原理は属性原理よりましなものなのか、そうだとすれば、なぜましなのか。また、第一のものと第二のものは同じか。

(7)生まれる前に障害のあるなし（の可能性）が診断できる出生前診断という技術があり、それは、現実には、障害がある（可能性がある）場合に人工妊娠中絶を行う選択的中絶とこみになっている。それを悪いと断じられないにしても、抵抗がある。

(8)「優生学」というものがある。遺伝（子）の水準に働きかけて人をよくする術だという。ならばそれはよいものではないか。少なくとも批判することの方が難しいように思われる。

そして、『人命の特別を言わず／言う』（筑摩書房、二〇二二年）と並んでほぼ最後に出版された『良い死／唯の生』は、一冊がまるごと「安楽死／尊厳死」に対する批判である。

あらためて、立岩真也の仕事の統一性に驚く。立岩の本はすべて、書き終わることのない一冊の本の一部であるかのようにみえる。彼は生涯をかけてたった一冊の本を書き続けていたのではないか。実際に書かれたテクストの主題や対象は、まさに多岐にわたっているが、結局のところ彼が書きたかったのは、――すくなくとも私にとっては――自由と平等を同時に達成するにはどうしたらよいのか、という、素朴で壮大な問いに対する答えだった。私たちのような凡庸な研究者にとっては、問い続けることが恥ずかしくなるような、思わず冷笑的に、斜めに構えたくなってしまうような、そんな問いだ。だが立岩真也はその短い生涯をかけて、自由でありながら平等であるにはどのようにしたらよいか、という問題と、愚直に真面目にストレートに向き合ってきた。そしてそれは、さらに突き詰めれば、ひとを尊重するということはいかなることか、という問いだったと思う。

だれもがその意思を尊重され、思うままに自由に行動し、十分なものを受け取り、なおかつ他人を傷つけずに生きる。このようなことはどのようにして可能なのか。そもそもそれは可能なのか。

ひとの意思を尊重すると簡単に言うが、もしそれが「死にたい」だったらどうするのか。その意思に対して介入はできるのか。できるとしたらそれはどのような根拠があるのか。だれもが平等に十分に受け取れるようにしよう、と言うのは簡単だが、ひとはその「生産したもの」によって報酬を受け取るべきではないのか。それはその通りとして、それでは「何も生産できないひとびと」は何も受け取れないということになるのか。

おおよそこのような問いに生涯をかけてぶつかっていったのが立岩真也だと思っているのだ

が、これは私のようなただの「調査屋」にとっても切実な問いだ。

ここは私の自論を展開する場ではないから、どういう意味で切実なのかを詳しく書くことはしないが、おおまかにいって私たち質的調査屋は、他者の行為の理由や動機を書く、あるいは（すでにそれは本人たちによって語られているので、それをさらに）再記述する、ということになるだろう（もちろんこの定義自体も私の個人的なものだが）。そしてここで問題になるのが、本人によって語られる動機や理由の、あるいは行為選択そのものの、矛盾をはらんだ複雑さや状況依存性や流動性だ。

とくに「マイノリティ」と乱暴にひとくくりにされるひとびとを研究対象にしていると、こうした複雑さに何度も出会う。

たとえば、これはすでにいくつかのところで書いたことだが、私はここ数年、沖縄戦と戦後の生活史を聞き取るという調査をしている。ほんとうにいろいろな、さまざまな語りと出会う。とくに印象的だったのが、沖縄県中部で聞き取った、ある男性の語りだ。彼は沖縄戦における「集団自決」（強制集団死）の生き残りなのだが、私にたいして明確に、強い調子で、米軍基地に賛成なんです、と語ったのだ。彼は戦後ずっと軍雇用で米軍基地のなかで働いていて、それで家族を養ってきた。米軍に対して悪い印象をまったく持っていない。そのかわり、彼は日本軍と日本兵のことを、きわめて激しく批判していた、というより、罵っていた。

彼の語りに対して、私たち本土（あるいは内地、大和、日本）のものは、どのように向き合うことができるだろうか。

私たちが沖縄の基地問題に、日本人として「責任」を取ろうとするとき、あるいは基地を否定するとき、その論拠のひとつとして、現体制が沖縄のひとびとの人権や意思を踏みにじっている、ということが挙げられる。それは巨大な不正であり、不公平であり、不公正なのである。しかし、他ならぬその沖縄のひとびとが、しばしば保守派の知事や首長を選挙で選んでいる。あるいは、私が語りを聞き取ったこの男性のように、基地の存在にたいして、両手をあげて賛成はしないまでも、いろいろな条件のもとで「容認」するひとは、沖縄でも少なくない。

質的調査をおこなう社会学者、いや量的調査でも、このことについて正面から向き合ったものはほとんどいない。おそらくわずかな例外が熊本博之だ。熊本は辺野古という「難しい場所」で長年にわたりフィールドワークをしながら、地元のひとびとの「新基地受け入れ」という選択が、どれくらい複雑で多層的なプロセスを経てなされたのかを明らかにしている（『交差する辺野古』勁草書房、二〇二一年）。

このような難しさ、複雑さに、私たちはどれくらい向き合ってきただろうか。私たちはともすれば、沖縄のこうしたひとびとの選択を、「間違っている」とか「愚かだ」とか、言ってしまわないだろうか。あるいは、そこまではっきり言わなくても、どこかでごまかして、もごもごと口ごもって、なるべく見ないふりをしてこなかっただろうか。こうなるとそれはもはや「左からの植民地主義」とでもいうべきものとどこが違うのか。

そしてまた同時に、こうした沖縄の複雑さ、難しさは、それを素朴に肯定すると、それこそストレートに保守的な意見を強化するための根拠として使われてしまうのだ。

だから私たちは、当事者たちの複雑な意思や信念に対して、それを否定することなく、しかし自らがコミットする政治的立場を守らないといけないのだが、いったい誰がそれに成功しただろうか。沖縄のひとびとの選択のすべてを尊重しながら、それでもなお、平和な沖縄、基地のない沖縄をめざすためのロジックを、どのようにしたら構築できるのだろうか。しかしそのロジックは、結局のところ、沖縄の、すくなくとも一部のひとびとの意思を否定したり、介入したりするものになってしまうのではないか。

このような堂々巡りのなかで身動きがとれなくなり、しかしそれでも歯を食いしばって調査を続けてきた私にとって、立岩真也の理論的な仕事はまさに灯台だった。そのすべてを理解した、とは到底言えないけれど、それでも、妙な言い方だが、立岩真也が生きて、仕事を続けてくれているおかげで、私自身も仕事を続けてこられたのだ。おそらく私などにはとうてい届かない高みにおいて、なにかとても良いもの、美しいものが書かれてあることを信じながら。

そして、この本を準備しているあいだに、もうひとつの悲しいできごとがあった。沖縄で長年フィールドワークを続け、『ヤンキーと地元』（ちくま文庫、二〇二四年）という素晴らしく美しい本を書いた打越正行もまた、病に倒れ、急逝してしまった。まだ四五歳だった。打越の仕事も、立岩と同じように、私にとっての灯台だった。打越正行の追悼本は、またそれはそれで別途、準備している。

以上のようなことを考えて立岩真也の本を読んできたのだが、何度も繰り返すが、その理論的到達点がどのあたりで、それにはどういう意味があり、社会学の歴史のなかでどのように位置付けられるか、ということは私にはほとんどわからないが、それでも必死になって彼の難解で読みづらい文章を読んでいて、次のような言葉にふと出くわすときに、やはりこのひとを追いかけて、そのテクストを読んできてよかったと思う。そしてこれからも読んでいくのだろう。立岩真也を理解できるようになった、と言える日が来るのかどうかわからないが、それでもこの、明かりが消えてしまった灯台をめざして、少しずつ進んでいこうと思う。

世界の方が常に私よりも大きいし豊かである。だから、それを享受することの方がより大きくよいことだと考えるのが当然であると考える。そしてその世界は私の身体の内部でもあり、その世界の感受とは、身体の内部がいくらか暖かい感覚であったり、液体が体を通っていく感触であったり、体表に光が当たっていることを感じていることであったりする。私がいなくなっても世界は残るのだろうけれども、私において存在する世界は、私がいなくなったときに消えてしまう。それが惜しいと思う。

（文庫版『良い死／唯の生』二六二頁）

＊

本書は私が企画した追悼イベントでの報告および鼎談を再現したものである。イベントは二〇二四年二月一八日（日）、大阪梅田の「ラテラル」で開催された。私はまず稲葉振一郎に声をかけ、企画を立ち上げた。稲葉は私がもっとも信頼し尊敬する思想家のひとりであり、立岩真也との対談本も出版していて、その問題関心もかなり重なり合っている。そしてもうひとり、同じく信頼し尊敬する哲学者である小泉義之にも依頼して、参加していただいた。小泉も立命館大学の先端研の同僚として、立岩真也と長年にわたり仕事している。そして、「病い」や「死」についての本を多数出版していて、その仕事もまた立岩と重なるところが多い。

まずこのおふたりから個別に、立岩真也の、特に最初の作品である『私的所有論』をどう読むか、について報告をしてもらい、そのあとで三名による鼎談にうつった。会場からも活発な質疑がなされた。

イベントの記録はすぐに本にするつもりだったが、ひとえに私の怠惰のせいで、これほど遅れてしまった。深くお詫び申し上げます。

もちろん本書は一回かぎりの報告と鼎談の記録であり、これをもって立岩真也の巨大な仕事の全貌があきらかになるなどとはまったく思っていない。稲葉や小泉による報告も、そのあとの鼎談も、立岩真也を読んできた者であれば、納得のいかないところ、不十分なところもたくさんあるだろうと思う。しかし、私たちにできるのはもはや、立岩真也を「読む」ということでしかない。わからないところに線を引いて本人に問いただす、語ってもらう、ということはもはやできない。それならせめて、読んでいきたい、と思う。だから本書は、立岩真也をこれから読もうとするひと、読み続けるひとのための、たんなるステップにすぎない。

本書を踏み台にして、それぞれの立岩真也を発見してほしい。それはおそらく、あなたにとっての灯台になるはずだ。

＊この「まえがき」は『新潮』二〇二三年一〇月号のエッセイ「立岩真也のこと」と一部重複する

第1部　『私的所有論』から

稲葉振一郎

ぼくと立岩さんのかかわりは結構古くて、大学院生のころからです。『現代思想』の立岩真也追悼号に川本隆史先生が思い出話を書かれています（「文体の革命と生存の肯定　立岩真也から〝もらったもの〟」）が、そこでは先生は立岩さんと出会ったのはおそらく一九九一年、川本先生が大庭健先生、中野敏男先生らと主宰していた「現代倫理学研究会」の例会か、あるいは東京大学の院生だったぼくが大学院経済学研究科の自主ゼミ制度を利用して川本先生を講師としてお招きした授業か、そのどちらかだ、とおっしゃっています。このゼミには社会学研究科の加藤秀一や市野川容孝、浅野智彦、早稲田の学部から東大の相関社会科学の大学院に進んだ重田園江が出入りしていたはずですが、立岩さんが来ていたかどうかは、ぼくの記憶ではさだかではありません。来たとしても履修しに来たのではなく、ゲスト的にだと思います。ただぼく自身も立岩さんと面識を得たのは時期的にはこの前後だったはずです。そのころの現代倫理学研究会にはぼくも出入りしていましたし。

ぼくは経済学研究科の院生でしたから、研究科も別で学年も離れた立岩さんとは公の接点はなかったはずですが、そのころ立岩さんは『ソシオロゴス』などにはすでにいくつか論文を出していて、特にわかりやすいと一部で評判だった「FOUCAULTの場所へ──『監視と処罰：監獄の誕生』を読む──」（『社会心理学評論』6、一九八七年）は間違いなく読んでいたはずです。九〇年からは河合塾でバイトを始めていたので、別の科目ですがやはり河合塾で働いていた立岩さんと会ったこともあります。『私的所有論』のあとがきにある、横浜国立大学の「社会科学概論」の非常勤を紹介したのもぼくだったと思います。

その後も別に私的に親しく付き合うようなことはなかったのですが、何となくは気にしていて、一九九七年に『私的所有論』が出たときはさっそく書評をホームページ（当時はテキストサイト全盛期でした）に上げて、立岩さんにも喜んでもらえたと記憶しています。それから何となくお互いに理論的に意識しあうような関係になって、二〇〇四年の『自由と平等』（岩波書店）でも拙著を参照してもらったし、当時ぼくは対談・座談で本を作ることにノッてたので、連続対談を持ち掛けて、それをもとに二〇〇六年には共著で『所有と国家のゆくえ』（NHK出版）を出しました。そして立岩さんが『私的所有論』の増補版を出すときには、解説を依頼されたので張り切って書きました。

以上のような経緯がありますので、今回は、立岩さんは亡くなってしまいましたけど、というか、だからこそその延長戦をやろうということで、立岩真也さんの理論家としての仕事の意味について、基本的に『私的所有論』（勁草書房、一九九七年。第2版、生活書院、二〇一三年）に準拠してお話したいと思います。

ポイントは大体三つ。第一にその他者論、他者の私的所有を軸に考える、というところについて。

第二に、そこからもう少し広げた社会構想の展望、彼の言葉でいう「分配する最小国家／冷たい福祉国家」について。

そして第三に、生殖、再生産のミクロ的局面、優生学批判、動物倫理等々に絡めて。

1 『私的所有論』再読

第一の論点から入ります。『私的所有論』は直接には「生命倫理学」とくくられるような問題領域を対象としています。とはいえ輸入学問としての、応用倫理学の一環としての生命医療倫理学の延長線上でではなく、日本における当時の理論社会学と、社会運動の中での自生的な問題意識を梃子にしてものを考えようとしていて、こういう言い方をするのもなんですが、ナショナリスティックなところもあります。

当時の日本の理論社会学、というのは具体的には、全共闘世代の東大周辺の若手社会学者たちがはじめた「言語研究会」、中心は橋爪大三郎さんですね、世代的にはひとまわりほどずれますが、この流れを立岩さんも汲んでいます。もう少し具体的に言えば、パーソンズ的な社会システム論とマルクス主義の双方を意識しつつ、フランス構造主義・ポスト構造主義、立岩さんの場合にはとりわけミシェル・フーコーを踏まえて、従来の「思想の冷戦体制」とでもいうべきものの陥った隘路を抜けよう、という方向性ですね。九〇年代の時点で理論家として目立っていたのは、学年的には立岩さんのひとつ上くらいですか、大澤真幸さんと宮台真司さんでした。それに比べると立岩さんは地味でしたが、八〇年代後半には地道に、「言語研究会」とも縁が深い院生たちの自主的な雑誌『ソシオロゴス』に、修士論文を敷衍した論文を載せ続けていました。

社会運動というのはもちろん、具体的には障害者運動、とりわけその頃は既にある程度の展開を見ていた重度身体障害者の自立生活運動ですね。立岩さんの実質的に最初の本である『生の技法』（安積純子・尾中文哉・岡原正幸・立岩真也、藤原書店、一九九〇年、改訂版、藤原書店、一九九五年。第3版、生活書院、二〇一三年）はその運動とそれに呼応した政策・制度の展開について、歴史と現状を分析した共同研究です。それだけではなく、その運動の母胎となった「青い芝の会」などの歴史の掘り起こしもあります。更にその延長線上で、精神障害者・精神病者の問題、そしてそれに呼応しての日本における従来の精神医療に対する批判としての反精神医学（もちろん欧米におけるレインらに呼応したものでもありますが、日本固有の土着性・自立性は無視できません）についても、基礎資料を掘り起こしての歴史研究にも取り組んでいます。『私的所有論』の基本アイディアは、この障害者の自立運動の思想にも強くインスパイアされているわけです。引用しますと、

この国で起こった出来事は、ほおっておけば散乱し消えていくだろう。『生の技法』という本を書いた時、本当にそう思った。例えば戦後の優生とその批判の歴史を記述しておく作業をしたいと思う。でないと、何のおとしまえもつかないまま、「生命倫理学」が日本にも輸入されて「患者の権利」が主張されるようになった、などと言われることになるだろう。「国際障害者年」の到来とともに「ノーマライゼーション」の概念が入ってきたといった間抜けな言説と同じである。

（『私的所有論』「おわりに（一九九七年初版）」第2版、八五四―八五五頁。以下引用は第2版に依る）

といった感じです。

今日のお話では障害者運動がらみの話は掘り下げません。私自身が詳しくないですし、より実践的な政策・運動研究、のみならず自身運動家・事業家となってのコミットメントについては、別の場所で別の方がなさると思います。ということで主に前者、アカデミックな理論社会

学の系譜の方を前面に出してお話しますが、後者の話も陰伏的に前提となっています。

『私的所有論』にも一部組み込まれている、修士論文をもとにした「制度の部品としての「内部」」（『ソシオロゴス』10。一九八六年）「個体への政治」（『ソシオロゴス』11。一九八七年）などを見れば、非常に生真面目に『監獄の誕生』『知への意志』などのフーコーの権力分析を消化して近代社会とは何か、そこにおける「主体」とは何か、を、立岩青年が生真面目に考えていることがわかります。しかしそればっかりやってると、「現代社会のここがおかしい」「人々はこんな風に苦しんでる」ことはわかっても、「ではどうすればよいのか？」がわからなくなるわけですね。とりわけフーコーによって、そのような現代社会における抑圧の構造というのは「外側から権力が人々を押さえつけて自由を奪っている」というような単純なものではなくて、まさにその人々の行動によって実現されている、という分析が提示される。現代社会の基本理念は、「人間は自由であるべきだ」であるし、実際表層を見れば自由を尊重する制度が軸になっている。にもかかわらずそこで人々は不自由を感じている。こういう一見した矛盾があるわけです。ここに二〇世紀後半バージョンのマルクス主義、新左翼の西側マルクス主義は「人々は「自分は自由だ」とだまされている、洗脳されている」という理屈を持ち出したんですが、それはもちろん言外に「洗脳されない本来の自由な主体性」っていうものを想定しているわけです。この西側マルクス主義の発想は、社会学にも大きな影響を与えた、実際、一時左翼の社会学者の多くはこのタイプのマルクス主義者だったのですが、フーコーはここに「洗脳されない本来の自由な主体性なんて本当にあるのか？」という問いを突き付けるわけです。伝統的な権力理解というのは、主体の自由の外側にあって、それを制約するものだったわけですが、そうではなく、まさに主体性そのものを形作るものとしての権力、というヴィジョンをフーコーは提示した。

そんな風にネガティヴではなくポジティヴ、破壊的ではなく生産的、かつ主体の外側にではなくその内側を貫通して、それこそいたるところに遍在する権力、なんてヴィジョンを提示したにもかかわらず、他方でそうした権力への抵抗はいたるところで発生するとも指摘し、あまつさえそれをただ事実として記述するだけではなく、称揚するかのようなフーコーに対しては、マルクス主義者を含めて多くの批判がなされました。つまりフーコーは権力の遍在を主張し、未来の理想の共産主義社会だろうと、あるいは文明にけがされる前の本来の人間性だろうと、そうした権力とは無縁の境地の存在を否定する。だとすれば、彼が指摘する権力への抵抗の事実的根拠、のみならず、それを称揚する、つまり（遍在し、逃れがたいがゆえに、人間の生にとっては否定的制約、障害であると同時に肯定的な生存基盤、資源でもあり、それゆえそれ自体は本来的には善とも悪とも言えないはずの）権力への抵抗を肯定する規範的理由が明らかではない、と。あからさまに言えば、社会全体が、つまりは自分自身も権力から逃れられないと認めたフーコーは、どのような境地から権力を批判するのか、と。

「身体の私的所有について」という『現代思想』の「病院都市」特集（一九九三年一一月号）に掲載された論文から、立岩さんはそのようないちゃもんをつけることをやめ、フーコーに倣い、さらにその先に行こうとした（「禁じ手を使う」「行き止まりを通り抜ける」）。つまりフーコー的批判を受容した上で、積極的な規範理論に向かおうとしたわけです。それをまとめた最初の成果が『私的所有論』です。

そこで立岩さんが見つけた抜け道とは、どのようなものだったでしょうか？　それは、マルクス主義において批判の対象となっていたような、私的所有を基軸とする仕組みとして近代社会を捉える、という理論を、正面から批判するのではなく、それに対する別の解釈、その別の使い方を提案してみる、というものでした。

現代の日本語においては、人が何かを持つ、ということを最も一般的に表す言葉としてこの「所有」は用いられがちです。英語でも property、フランス語の propriété、ドイツ語の Eigentum などはそうです。もちろん法学的には「所有」にはもう少し特定化された意味があり、日常的な意味での「所有」に近い法的な言葉としては「所持」があります。専門的な言葉を使えば、人の民法上の権利（財産権）は、他の人に対して何かを要求する権利としての債権と、物に対しての権利としての物権とがあり、所有権はあくまでも物権の一部であるにすぎません。しかしながら日本のみならず近代社会においては、この所有権こそが物権の中心、典型であると考えられがちである、くらいのことは言ってもよいでしょう。だから日常的な意味での「何かを持つこと」を表す普通の言葉として我々は「所持」ではなくまた「占有」でもなく「所有」を用いるのだ、と。

ここで天下り的に、論証抜きで断言するならば、少なくとも現代の日本語において（「占有」ではなく）「所有」という言葉が「人が物を持つこと」の典型、パラダイムとして扱われる理由は、基本的にはそれが、

（1）世界のなかのあらゆるものを、所有権を含めた権利の主体である「人」と、それ自体は決して権利の主体ではなく、権利行使の客体であるしかない「物」とに区別した上で、

（2）特定の人と特定の物との間に、他の人や物の介在、媒介を必要としない、直接的な関係としての、その人のその物に対する権利として現れ、

（3）しかもこの人と物との直接的関係としての所有権こそがあらゆる公的な社会関係——公共的な場面での人と人との関係の構築にとっての原基となる、

とされるがゆえにです。このような、ともすればあらゆる具体的な歴史的脈絡を超越して普遍的に通用すると言わんばかりの観念的な絶対性は、規範的な社会理論を組み立てていくのに非常に都合がよい。その典型がロバート・ノージックの『アナーキー・国家・ユートピア』（嶋津格訳、木鐸社、原著一九七四年、邦訳一九八五〜一九八九年）であり、更にそれが下敷きにしているのはジョン・ロックの『統治二論』です。細かいことを言えばロックにおいてもノージックにおいても、最初の出発点は（どうしてかはわからないけどとりあえず確立している）所有権、ではなく、所有権の権原として労働があるのですが、労働とは主体の行為、周囲の世界への働きかけであり、主体は自分自身、自己の身体を所有しているとみなすなら、すべてはこの主体の自己所有権に基づく、とされるわけです。ロック的理論の主役は、まずは自然状態に放り出され、生きていくために自分の頭と体を使ってできることをして、失敗したり成功したりする。その中で自分の周囲の環境を少しずつコントロール（「労働による所有」）して、自分の生存をより確実にし、欲望をみたしていく。そうしていく中でやがて他人と出会い、争ったり取引したり、して社会を作り上げていく。

それに対してホッブズの場合はどうでしょうか？　ホッブズの世界はロックの場合と異なり、ひどく込み合っていて、まずゆっくりと自分の生活を確立してから、その上で他人と関わる、という風にはなりません。まずもって生き延びるために他人との抜き差しならぬ緊張関係に追い込まれ、最初から関わり合わずにはいられません。そのように「社会契約そのものによる所有」「政治による所有」というべきホッブズのヴィジョンと、「自然法の下で、最初から誰の承認も必要なく、単独で確立できる所有」というロックのヴィジョンは対照的です。しかしながら両者はともに、まずはこの地上に生れ落ちて、生存のため、自分の欲望をみたすためあれこれ努力する主体から出発する、という理論構成をとっています。

ではマルクスはどうでしょうか？　主題が個人の労働によるものであれ、社会的な合意に基づくものであれ、所有権自体の確立の方にあるホッブズやロックと異なり、スミスによって経済学が確立され、その枠組みを踏まえているマルクスは、所有権の確立を前提としたうえで、その中での人々の活動、資源を活用し、有用なものを作り、それを消費して生きていく過程、の方に関心をむけます。ですからロックの労働のイメージが主として「周囲の世界にはたらきかけて、自分の支配下に置く、つまりは世界の一部、世界の中の資源（典型的には土地）を所有する」というものであるのに対して、マルクス、さらにさかのぼってヘーゲル、スミスの場合には「人間にとって有用なものを、世界に存在する資源を活用して作り出す」というものになっています。「すでにあるものの支配・管理」から「新しいものの生産」に焦点が移動しています。

更にスミス、ヘーゲル、マルクスの場合には、もちろん労働は単独の個人によってなされることもありえますが、典型的にはそれは社会的な、他の個人とのかかわりの中で成されるものであり、しばしばその主体は個人というよりは複数の人々の集まりです。単独でなされる労働であっても、しばしば人はそこで活用する資源を他人とのかかわり（取引）を通じて得るものであり（分業）、作業自体を集団で行います（協業）。これに対してロックの場合には、労働におけるそうした社会的な契機は二次的なものであり、労働の基本型は単独の主体が直接に世界、というより自然に向かい合う（主体が集団である場合にも一人の主人によって統率される限りで非社会的である）、というものです。

ロック的に見ればある人の「労働」の成果はその当人の「所有」に帰するのが基本、標準ということになりそうですが、スミス、ヘーゲル、マルクスの場合にはそうはいきません。「生産」においては人間の労働だけではなく、それによって加工される資源も必要であり、ことにその「生産」が社会的な取引の中で営まれていれば、その成果に対する分け前は労働の提供者だけではなく、資源の提供者からも要求されます。この、資源の提供者による成果の取得、すなわち、「労働」によってではなく、「所有」による更なる「所有」がマルクスのいうところの「資本」であることは言うまでもありません。

「生産」に投入される資源は大まかに言って自然物と人工物（加工品）の二種類に分かれます。それらはまたそれぞれに、人工物の材料となったり、直接に人間の生存の維持のために消費されたりするものと、そうした消費対象を成果（果実）として生み出す源泉（元物）となる、恒常性、耐久性のあるものとに分かれます。後者のうち自然物に属するものをスミス以降の経済学は大まかに「土地」と呼び、耐久性のある人工物、建築構造物や生産設備のことを「資本」と呼んできました。しかし人類の自然史的過程に着目すれば、もともとは「資本」は存在しなかったはずのものなので、マルクスは資本を「蓄積された労働」と呼びました。このように「資本」を究極的には「労働」（と「土地」）に還元できるはずという想定、並びに自然物たる「土地」は生産できないが、人工物たる「資本」は生産できるものであることから、「資本」は「疎外された労働」、生身の人間の労働を搾取して自己増殖する「所有」、「労働による所有」を簒奪する「所有による所有」として批判の対象となるのです。つまり財産を持たない者は労働することでしか生きるための糧を得られないのに、土地や資本などの財産所有者は働かなくとも生きていける。しかも資本家は、その財産を自己増殖させることができる。そうやって格差が増大するメカニズム、これがのちにマルクスを受けて「資本主義」と呼ばれるわけであり、それへの批判がマルクス主義の眼目だったわけです。

もっとも、ここまで込み入った経済学的分析が確立する以前に、ホッブズ、ロックの理論を踏まえて、私的所有権の確立のみから社会の不平等化を導き出してそれを批判したのがルソーでした。スミスの経済学はそのルソーを批判して、市場経済の下での富の増大は、ルソーが危惧したのとは異なり、社会的連帯を損なうよりは、最底辺の貧困者にまで豊かさの恩恵をいきわたらせることを通じて、秩序と平和を保つ、としたわけですが、産業革命後の現実を前に、ルソー的な平等と連帯の再建を目指したのがマルクスを含めた社会主義者たちだったと言えます。

このように見たとき、マルクスにおいては、労働、生産、所有の独立した主体がまずあって、それらが複数集まるのが社会である、というイメージではなく、あらゆる段階で徹頭徹尾人間は社会的なつながりの中で生きている、というイメージが優越していると言えます。そちらの方があるべき本来の人間の在り方であるはずなのに、労働、生産、所有、ひいてはそれを基盤とした政治までをもあくまで独立した主体としての個人を軸に見ていこうというホッブズ、ロック的な政治学やスミスの経済学、それが当たり前のものとする私的所有制度、更にそれを基盤とした市場経済（のちの言葉でいう資本主義）が、格差を拡大し社会的連帯を損なうのだ、というのがマルクス的な近代社会批判だったと言えます。ただ、問題はマルクスがそれに対して提示したオルタナティヴが不分明だったことでした。残されたテキストを読む限りでは、資本主義を打倒してその代わりに打ち立てるべき社会主義について、マルクスの記述からは、労働者主体の生産協同組合の自由な連合体、といった市場社会主義的イメージも、マルクス＝レーニン主義的、こう言ってよければスターリン主義的な中央集権的指令経済のイメージも、どちらも引き出しうる曖昧さがあります。もちろんロシア革命以降の「現存した社会主義」において支配的だったのは後者、土地も資本もその所有権を国家が独占し、あらゆる個別的な資源の配分、個人の労働に対して中央当局、国家の行政権力が直接指示することによって、つまり所有権制度を廃絶することによって不平等を克服しようとする、ホッブズの裏返しであり極端なルソー主義である、ということになります。とはいえルソーはそのような共和国は小国寡民の都市国家でしかなしえないことを明言していたのですが。

これに対して日本独自の西側マルクス主義である「市民社会派」は、もうちょっとひねくれた、デリケートなマルクス読解を試みました。マルクス自身は実は「資本主義」という言葉は用いておらず、「資本家的」「資本主義的」と訳すのがせいぜいの、形容詞としての kapitalistisch という言葉遣いに終始していたのですが、興味深いことに社会主義者・共産主義者としての立場を明確にした最初期の『経済学・哲学草稿』では、実質的に現代的な意味での「資本主義」の意味あいで「私的所有 Privateigentum」という言葉を使っていました。つまりマルクスに言わせれば、私的所有制度を基礎とした経済社会は、必然的に市場経済に移行せざるを得ず、そして市場経済が本格的に展開すると、資本主義にならざるを得ないわけです。だからこそマルクスはこのような言葉遣いをしました。しかしだからと言って、資本主義をやめるためには市場経済を、そして市場経済をやめるためには私的所有自体をやめなければ、という風にマルクスが本当に考えていたかどうか、確たることは言えませんし、また仮にマルクスがそう考えていたとしても、我々がそれを丸ごと受け入れる必要もありません。「市民社会派」的に読まれたマルクスは、市場経済に批判的であったとしても、経済活動の自由を含めた人間の自由にも、私的所有によって守られる個人の安全や自立にも否定的であるわけではなくむしろ肯定的です。むしろ個人の自立と安全を守るべき私的所有制度が、個人の自由な活動に立脚した市場経済が、結果として不平等を増大させ、社会的連帯を掘り崩して、ひいてはそれが本来守ろうとしていたはずの、社会を離れては生きられない個人の自由や安全を脅かす、というのがマルクス的に見た資本主義の病理である、ということになります。つまり「市民社会派」流に言えば、マルクスは資本主義は否定しても、市民社会は否定していない、社会主義を実現するのであれば、資本主義ごと市民社会も破壊してしまうことによってではなく、本来あるべき市民社会を再建することによってなされるべきだ、と考えていたことになります。それが解釈の難しい独特な「個人的所有の再建」という形容に表れています。

大体において西洋マルクス主義は、際限ない経済成長とともに格差と不平等を生み、富める者による貧しい者への圧迫、支配を引き起こす資本主義を批判しつつ、それをスターリン的な抑圧体制に変えるのではなく、近代市民革命の成果としての個人の自由を守る「人間の顔をした社会主義」を目指したといえる。その中で「市民社会派」は、あまり明確ではありませんが

「労働による所有」を「資本による所有」（それは「所有による所有」、自己増殖する所有である）より優先する経済、とでもいうべきものを志向していたように見えます。

ただ日本を含めて六〇年代における新左翼の展開は、マルクス主義の制約をも離れて、このような「労働中心主義」をもなお抑圧的な支配のイデロオギーとして批判するようなラディカリズムを打ち出しており、その中でも障害者運動、特に重度の肢体不自由などによって、いわゆる肉体労働はもちろん、事務や対人サービスなどのホワイトカラー労働も困難・不可能で、他者による生活支援なしには生存できない人々から紡がれた「自立」の思想——日本において著名なのが「青い芝の会」です——は突出した存在感を放っていました。『生の技法』はこの系譜に立ち、国家や自治体レベルの公的福祉サービスや民間のボランティアを活用しつつ、そうしたサービス供給者に管理されるのではなく、あくまでもそうしたサービスの主体的な利用者として自己の生活を自由にマネジメントしていく——生活基盤も収容型施設ではなく、地域社会の中で自分が管理する（賃貸借や自家所有によって）住居に置く——障害者たちの自立生活運動を、その生活実態や運動の論理、制度のありようなど含めて実証的に分析するものでしたが、同時に立岩さんはそこに体現された思想を自己の基盤のひとつともしていることは言うまでもありません。それは「労働による所有」との対比でいえば「生存による所有」の主張とでも呼べるのかもしれません。

では『私的所有論』の主題は、この「生存による所有」のマニフェストである、と言えるでしょうか？　実際のところはそう単純ではありません。

そもそも「市民社会派」を含めて大半の西洋マルクス主義者は、冷戦以降、正統派のマルクス＝レーニン主義もろともに影響力を低下させていきます。その理由はいろいろとありますが、結局のところ「市場社会主義」を含めて、資本主義に対しても、またソ連をはじめとした「現存する（現存した）社会主義」に対しても積極的なオルタナティヴを提示できなかった、ということはありそうです。つまり資本主義の欠点、問題をあげつらう批判はできても、積極的代案を提示できないのであれば、行きつくところは結局普通の修正資本主義、ケインズ主義的福祉国家の支持になってしまっては、リベラリズムとの区別はもうつかなくなってしまいます。また豊かな社会が管理社会であることへの告発、批判も、フーコー的な「そもそもまっさらな本来の人間性、主体性などあるのか？」という懐疑に晒されれば、説得力を失ってしまいます。

立岩さんもまた、このような問題にぶつかっていたと思われます。

「介入」を批判する人は、抵抗としての「自由」、不関与に依拠した。あなた（方）も何か正しいと思うこと、なすべきであると思うことをもっているが、私ももっている。あなた（方）のが私のよりも正しいという保障はない。あるいは正しいという基準を設定しえない。

しかもそれは私に関わることである。ならば私に委ねるべきである。介入に対抗する論理として提出されたのはこのような論理だった。しかし、他者に関与されないためには、自分の側に要求される資格があることが求められ、その資格である制御能をもたない人はこの場から排除される。その資格をもつことが価値とされることから、資格をもつことが人である、どれだけの制御能をもつかが人である価値であるとされる。このことを受け入れた人は、自らに対して、自らを価値づけるための手段として、他者からの介入としてではなく、自らの制御能を高めるための行いを行う。（中略）その時に権力の痕跡が消えてしまう。

このような円環から抜けられるのはどういう時だろうか、また、どうしてこの円環から抜けようとするのか、検討しよう。

（『私的所有論』第7章5［3］。五一四―五一五頁）

直接念頭に置かれているのはもちろん、生命医療倫理学や障害学、あるいは批判的教育学が問題としているような、人間科学的な知を援用しての人々の身体・精神への介入、フーコー的に言えば「規律訓練（しつけ調教）discipline」「主体化」であるわけですが、もちろんそれは職場における労働管理にも、消費におけるマーケティングにもあてはまります。新左翼的ラディカリズムはこうした「介入」を批判し、それへの個人の抵抗の論理を模索してきたわけですが、その理論的根拠づけを試みたときには結局、生命医療倫理学における「インフォームド・コンセント」の概念に明確なように、伝統的なリベラリズムの徹底に求めるしかなかったわけです。しかしそれは結局、個人の自律も、企業活動の自由も、ともに等しく根拠づける論理でしかないのではないでしょうか？　いやそれで別に構わないのでしょうか？

こんな風に考えるならば、ただ焦点を「労働による所有」をも超えて「生存による所有」に移動するだけでは、このもやもやした感じが解消されることはないだろう、ということもわかってきます。

立岩さん自身の記述を引きましょう。

私に現れるものとしての世界が、私ではない世界として、私にとって制御できるものでなく、制御されるべきものでない世界として現れるのである。

（『私的所有論』第4章1［4］。二〇三頁）

こうして辿り着いたのは、自らに発するものが自らのものであるという論理、論理というより価値観、の単純な裏返しではないにしても、それと全く別の感覚・価値である。私はそれを私達が有する価値の事実として提示したいだけだ。私達がそれを好むということ、それ以上の理由をつけようとは思わない。この価値も、全ての価値が結局のところそうであるように、それ以上根拠を遡ることができない。しかし、その点では、私が私の作ったものを所有するという観念も同格である。

（『私的所有論』第4章1［5］。二〇三頁）

例えば、ある者にとって、その者の住まう土地が、あるいはその者の作りあげるものが、単なる生活の糧ではなく、その者があることを構成する不可欠のものとしてあることがあるだろう。生存のための手段である／手段でないという判断を誰がどのようにするのか。個々の人の心的な世界を直接に知ることはできないのだから、全ての具体的な場合についてあれかこれかと判断できるものではない。しかし直接に知ることはできないとしても、試すことはできる。事実、それを自らのもとから切り離すこと、他者に譲渡することができず、それをその者のもとに置こうとする場合にだけ、その者のもとに置かれることを認めることである。

（『私的所有論』第4章2［4］。二二〇頁）

いうまでもなくロック的世界では「私に現れるものとしての世界が、私ではない世界として、私にとって制御できるものでなく、制御されるべきものでない世界として現れる」のではなく、「私に現れるものとしての世界が、私にとって制御できるものと、制御できないものからなる世界として現れる」。世界にはそれぞれにこのような「私」であるところの主体が複数いて、社会はそれらの主体同士の交渉の中から成立してくる。そこでは「べき」の水準は最初からあるのではなく、複数の「私」の「できる／できない」がぶつかり合う中で、最大限互いの「できる」を両立させられるような制約としてあとから立ち上がってくる。いやロックだけではなく、ホッブズやルソーの場合にもそうでしょう。そしてそれを二〇世紀的に洗練させて再生した、ロールズやノージックも同様です。

これに対して立岩さんの場合には事実的に「できる／できない」ではなく、最初から規範的に「してよい／してはいけない」という水準が最初から立ち上がっています。なぜそうなっているのかといえば、それは説明不能、根拠づけ不能で、ただそうなっているのだ、と言うしかありません。ただし立岩さんはここで、実はロック的な世界においても事実としての「できる／できない」の手前に実は「自らに発するものが自らのものであるという論理、論理というより価値観」という、事実を超越した（共存を要請する道徳的価値ではないエゴイズムだとしても）規範的価値の水準があるのだ、と指摘します。そして事実の問題として、互いに徹底的に突き詰めれば衝突し、両立しないであろうこの二つの価値観が、現にあるのであって、どちらも現実の人間社会を構築する基盤としてはたらいているのだ、というのです。

「いろいろレトリックを弄しているが、結局これは要するに「消極的自由」のことでしかないのではないか」という疑問を持たれる方もおられるかもしれません。ある意味ではその通りですが、ここで立岩さんとともに提案したいのは伝統的な「消極的自由」の読み替えです。他者の消極的自由を尊重するとは、ただ単に不干渉で放っておくこと、ではありません。相手の存在を認める、ということが不可欠の契機となります。相手の存在に気づくことがなければ、路傍の虫を踏み殺すように、知らず知らずのうちに他者を害してしまう恐れがありますから。

このように考えることによってどうなるのか？　先にマルクスの、あるいはマルクス主義の考え方からすれば、私的所有制度に立脚した経済社会は、それが全面展開すると、誰もが自給自足主体ではなく、取引に依存した生を送る市場経済を発達させずにはおかないし、市場経済の本格的発達は、格差を拡大する資本主義に行きつかざるを得ない、という風になると述べました。私的所有という形で資源を支配し、活用する主体がその欲望を追求していく果てには、資本主義が待ち構えているのだ、と。しかし立岩さんの発想は、それとは異なる考え方を可能にします。つまり、なるほどマルクス的な展望はもちろんリアリティがあるが、社会のミクロ的な現実を見れば、それは大勢ではあっても、すべてではない。

まず落ち着いて考えましょう。私的所有は市場経済の前提であり、そして市場経済は資本主義の前提である。私的所有の確立なくしては、市場経済も資本主義も成り立たない。これはおそらく確実である。というより、ほとんど論理的必然性、論理的真理である。そこから更に、しかし私的所有権制度が確立した社会は、資本主義へと進まざるを得ないか、と言えば、それは論理の問題ではなく経験的事実の問題である。そして経験的に見ればそのような趨勢、傾向性はあるけれども、必然的とは言えない。

その上で立岩さんの流儀で私的所有というものを考えるならば、このように見えてきます。私的所有権が保障される具体的な一人ひとりの権利主体、活動主体のレベルで考えてみましょう。私的所有権が保障されていて初めて、人は安心して自分が所有という形で支配下に置いた資源を活用して、好きなことができます。その「好きなこと」の範囲内に、資源ないし資源を用いて作ったものを他者と取引する、というものも含まれます。この取引のネットワークとして最も洗練されたものが市場経済であるというわけですが、ここで「人々が市場での取引に参加できるためには、その私的所有権がきちんと保障されていなければならない」という風に言えます。しかしそのことはあくまで「私的所有権の主体は市場での取引に参加できる」ということであって、「私的所有権の主体は市場での取引に参加しなければならない」ではありません。つまり「私的所有権の主体は市場での取引に参加することもしないこともできる」のです。もちろん取引に参加した方が、大域的、長期的に見れば有利でしょう。しかしだからと言ってそうしなければいけないわけではない。つまり私的所有権は、市場経済に、ひいては資本主義に参加することができるための前提であるわけですが、しかしこのことは同時に、参加しない権利を保障するものでもあるのです。

立岩さんの流儀で、他者の権利としての私的所有、というものを見てみるとこんな風に見えます。つまりマルクス主義がそう見るように、欲望の拡大を求めて資本主義に行きつく主体の最初の出発点、としてではなく、資本主義への参加の切符であると同時にそこから身を引くための防壁でもある、そのような両義性を帯びたものとして。

これをわかりやすく例示するために私は『私的所有論（第2版）』に寄せた解説の中で地上げの例を持ち出したわけです。簡単に再論しましょう。

市場における取引が普遍化した、いわゆる資本主義社会においては、ものの所有の標準的な理由は、そのものを実際に消費したり使用したりすることではなく、それを用いて利益を上げることにこそある、とされます。そのような常識、通念の下では、ある人（自然人でも法人でも）Aが他の人Bの所有するものYを入手したいと考えたときには、一定の対価を支払えばそれが可能になるのが普通だ、ということになります。つまりBがYを所有している理由は、基本的にはそこから便益（特に金銭換算した便益）αが得られるからであり、その便益αを償うに足る対価を支払いさえすれば、普通AはBからYを譲り受けられるはずだ、と（例えば土地Yから毎年yだけの地代が上がるとすれば、yを市場利子率rで還元したy／rが地価αとして妥当である、とか）。

もちろんここでBはYを売り物として市場に積極的に出してはいないかもしれません。しかしながら仮にそうだとしても、Yの存在がBの家の中などに秘め隠しておかれずに、公共圏に配置されてその存在が公示されているのであれば、それは実際には市場に出されているのと同じことである、との想定が資本主義社会ではなりたってしまう。そんな風に考える人が少なからずいます。あるいはどうしたって秘め隠しておけないものもあります。たとえばＹがまさにＢの家だとすればどうでしょう。

実際問題としてＹの存在は公になっていて、現実にそこからＢは毎年ｙだけの利益を得ているかもしれません。そうだとすればＡその他の公衆が「Ｙは$\alpha = y / r$だけの価値を有する」と考えることは理にかなっています。だからといってＢがＹの所有者である限り、ＢはＡであれ誰であれ他人から「α（それで不足ならα以上のある額）を支払うからＹを譲ってくれ」と申し込まれても、その依頼を受け入れてＹを引き渡す義務はありません。

しかしながらここでＢがＡなり誰なりの申し込みを拒絶し、Ｙの所有を確保し続けたとしたら、資本主義社会では普通、以下のように邪推（とあえて言います）されてしまいます。すなわち、「Ｂは実際にはαだけの価値しかないＹに関して、それ以上の対価をふっかけてあくどくもうけようとしているのではないか」と。仮に実際にはＢにとってＹはかけがえのない――金銭的に換算不能、金銭はもちろん他の何物にも代え難い価値を有するものだったとしても、資本主義社会では、公衆からそのように思ってもらえる保証はありません。

ここで立岩流の思考に従うならば、「公衆の一員としてのわれわれは、Ｂのような人物に出会ったときに、「こいつはゴネ得を狙っている」と邪推する（悪意を推定する）より前に、まずは「ＹはＢにとってかけがえがないのかもしれない」と想定してかかる（善意を推定する）べきである」ということになるでしょう。——さて、これは異様な発想でしょうか？　単に理にかなっているというだけではなく、むしろありふれた普通の発想であるとは言えないでしょうか？　しかし立岩さんが『私的所有論』で言っているのは、せんじ詰めればそういうことです。啓蒙された自己決定をベースとしたリベラルな先端医療、そしてリベラルな優生学への抵抗の論理として持ち出されているのは、つまるところ「所有の論理」と「市場の論理」の間に横たわる微妙だが決定的なずれなのです。他者への積極的な危害を帰結しない限り、人には合理的な選択と同様に、非合理的な選択をする権利があり、それどころか何も選択しない自由がある、ということですね。

より具体的に、まさに不動産からの「立ち退き」のケースについて考えてみます。再開発の波が押し寄せる小汚い下町で、猫の額ほどの土地の上にボロ家が建っています。しかしその土地はまさにその居住者のものだとしましょう。あるいは借り物だとしても借地権があって家屋自体は居住者の所有だ、と。

さてここで当然話は、ありふれた地上げの話となります。再開発の波が訪れ、周囲の住民はどんどん立ち退いていきます。そのプロセス自体は実にスムーズで、誰も特段の文句は言わず、充分な代価を受け取ってよそに引っ越していくか、あるいは立て替えられる予定の新築ビルに新たな権利を確保しています。そのような中で問題のボロ家の主だけは、頑としてそこに居座っています。ディベロッパーが何度足を運んで交渉しても、首を縦に振ろうとはしません。

このようなケースで音を上げたディベロッパーが汚い手、暴力や嫌がらせに訴えることは充分にありえますが、そのような行いが違法であり邪悪であることへの社会的な合意は容易に得られるでしょう。ですからここではそういう話はしません。ディベロッパーがあくまで穏健かつ合法的に振る舞ったとしたらどうなるでしょうか？

話し合いが平行線に終わったら、結局のところ地上げする側に残っている手段といえば、金を積むことくらいしかないわけです。もちろんここで想定しているのは、ボロ家の主があくまでその地に、その家に固執していて、そこにかけがえのない価値を求めていて、いくら金を積まれても絶対に納得しない、というケースです。しかしディベロッパーの側では主のそうした振る舞いを、「更なる条件のつり上げを求めている」と解釈するしかありません。かくして申し出られる買値はどんどんせり上がる。どこまでせり上がるか？　といえば、ディベロッパーの側で「これ以上高くなったら採算が取れない」と想定した限界まででしょう。ただし耐久的な固定資産、とりわけここで想定している土地については、その「限界」の設定が難しいのです。なぜならその使用価値の時間地平は、ほぼ無限の未来にまで及ぶからです。事前に明確に設定された損切りラインなしには、こうした交渉におけるバブルは際限なくふくらむ危険があります。

そしてこうしたバブルは、そこだけの話では終わりません。主はただ頑固なだけで、何の底意も悪意もない、としましょう。そうだとしても地上げする側は、「こいつゴネ得を狙ってやがるな」と思うでしょう。しかしそれだけで済むならば、それだけの話、局所的な話です。問題は、自由な市場社会では、それでは済まないということです。交渉の結果申し出られる買値がどんどんつり上がっていけば、それは周囲の耳にも入るでしょう。そうするとどうなるか。素直に地上げに応じた近隣の住人の気分を害さざるを得ないでしょう。「気分」で終わればまだいいですが、その中からは交渉の途中で尻馬に乗って、まさに「ゴネ得」目的で売値をつり上げる者も当然に出てくるでしょう。そうやってバブルは、再開発地域全体に波及していきます。もちろんそれは実体を欠いたバブルに他ならず、幸運――そのバブルで得た資金が実体的な投資に上首尾に転化される――なしにはいずれ弾けて、空無に帰すならまだしもマイナス、実体的な価値の毀損を帰結するおそれがあります。

以上のように考えると、私的所有の秩序は、市場経済にとって必須の下部構造をなすがゆえに、それを楯にとっての市場への、そして資本主義への抵抗は、共同体の論理や社会主義の大義を持ち出すよりも、はるかにシンプルで有効なのです。これを資本主義の権力に対するフーコー的な意味での抵抗だ、と言っても構わないでしょう。しかしそれはあくまで個人レベルの、特定の個人の権利だの福祉だの尊厳だのにかかわる話であって、体制レベルのマクロな話ではありません。体制レベルまで考えると、ここに見たような副作用をも伴うものなのでもあります。だからといってこの副作用のゆえに所有権のこうした強さを否定することは、産湯とともに赤子を流すようなものです。こうした副作用の危険についてはあくまで個別ケースごとに、そこで「ゴネて」いるのはまさにそこに生存や尊厳がかかった生身の人間なのか、それとも本当にゴネ得を狙った反社会的団体等なのか、を見極めていくしかないのです。

それにしても、このような混沌のリスクを負ってまで、なぜ私的所有権は守られねばならないのでしょうか？　たとえ提示されたオファーに乗ること、市場での取引に参加することが、社会的な効率性の観点からはもちろん、自分にとって有利である場合にさえ、それに乗るか乗らないかの決定権は自分にあること――それが認められなければ、いかに有益な結果がもたらされようと、外側から取引を押し付けてくる圧力は邪悪なものとしてしか感じられず、得られた利益に価値は感じられないでしょう。いやそもそも、そのようなことはなく、私的所有権は尊重される、という信頼がなければ、そもそも市場経済自体がうまく回らないでしょう。大半の人はそこまで自分の所有物に思い入れはなく、利益になるのであれば素直に取引に応じてくれるものです。にもかかわらず、そうした人々が取引に素直に応じるであろう理由の中には、約束された利益だけではなく、その利益をとるも取らぬも自分の自由である、ということへの信頼、自己の尊厳の保証への安心感があるからなのです。

そしてこのような思考法は、立岩『私的所有論』のロジックと異なるものではないでしょう。それは「先端医療、生命技術の発展に対する抵抗の論理は、医療や生命技術を開発し、利用する人々の営為の外側からやってくるのではなく、むしろその内側――ないしはそれを支える足場からやってくる」という論理です。

あらためて我々は、いわゆる「生命・医療倫理」をテーマとするこの本がなぜ「自己決定論」とではなく「私的所有論」と題されたのか、を確認しておかねばなりません。「決定」という語を用いるならば、そこではどうしても能動的な「作為」が主題とされざるを得ません。しかしながら立岩さんはここでその手前、「作為／不作為」が並び立つ地平でものを考えようとしました。「選ぶ／決める自由・権利」のみならず「選ばない／決めない自由・権利」を主題化しようとしたのです。となればそのためにも、作為のみならず不作為をも含意しうる「所有」の語の方が、「決定」の語よりもここで用いられるにはふさわしいのです。あるいはここで「労働中心主義」に対抗するものとしての「生存中心主義」をバージョンアップするとすれば、「生存」とは「作為」よりはむしろ「不作為」に重点を置いて捉えられるべきだ、ということでもあります。

以上のように見てくれれば、立岩さんが提示した「他者本位の私的所有」の概念の破壊力がある程度お分かりいただけるのではないでしょうか。ただそれは手放しで礼賛できるようなものではありません。

第一に、ここまでいわば「敵役」を演じさせた、ロック的な、そしておそらくホッブズもそこに入れられるであろう、近代政治哲学において主流派であった「行為主体本位の私的所有」理論の方も、単に格差や不平等、強者の居直りを正当化する理論だと言ってクサせば済むわけではなく、とりわけその歴史的コンテクストというものを意識するならば、強烈な現状批判の意志に導かれて、やむに已まれず出てきたものという側面を持つわけです。ここはノージックのような現代的なロッキアンとは異なるところです。

ロックの『統治二論』は前半第一部を王権神授説、ロバート・フィルマーの『パトリアルカ』批判に費やします。つまり統治権力の権原を究極までさかのぼれば神によるアダムへの授権に、そして現状においては、遡ればアダムにまで行きつく、王権の相続の垂直的な連鎖に求めるフィルマーの議論に抗して、人々の間の水平的な連帯と合意にそれを基づける、というのがロックの主題でした（実際にはそうした水平的のみならず同時的な合意、契約が後世、将来世代をも拘束するための仕掛けとして、相続のロジックがロックにおいても持ち出されはするのですが）。

更にホッブズの場合にも、コモンウェルス、統治権力によって束ねられた政治共同体、国家の設立においては、二通りの在り方があると論じられます。つまり水平的な合意、契約に基づく国家の設立はあくまでもひとつのやり方でしかなく、強者による征服、秩序の強制的押し付けによっても国家は成立しうるのだ（むしろこちらの方が普通？）、と。

ホッブズやロックの、のみならず中世においても脈々と論じられてきた水平的な合意、契約に基づく国家論（ホッブズやロックの新しさは「自然状態」という理論装置を持ち出して、神学から切れたところで、神意によらずもっぱら人為による国家論を提示したところにあり、いわゆる「社会契約論」そのものは彼らの創意によるとは言えません）のモチーフを、従来支配的だった垂直的な統治権力論への対抗というところに求めるならば（このような理解は日本への環境倫理学、世代間倫理導入者である加藤尚武先生の議論［『環境倫理学のすすめ』丸善、一九九一年、増補新版、二〇二〇年］を踏まえています）、彼らが所有をその理論の原点とした理由もよく理解できます。つまり、伝統的な脈絡においては、まさに既存の垂直的な支配権力によって保障されたものとして、つまりともすれば上から与えられたものとして観念されがちだった所有（のみならず様々な既得権、自由）を、保障されているがゆえに権力者によって恣意的に奪われることのない橋頭保として読み替え、逆にこちらの方こそ統治権力の目的、存在理由であり、論理的に先行しているのだ、と論じていくところに、その眼目があったのだとすれば、防護壁としての所有権、などという発想は、ホッブズやロックら近世の哲学者にとっては「それがどうした？」と片付けられそうです。彼らの主題は

「原点ではなかった所有権をあえて原点と読み替えて権力に対抗する」ところにあったのであり、ルソー、マルクス的な「原点としての所有権が暴走する権力となる」という問題は当面の射程の外にあったのではないでしょうか。そう考えると我々が立岩さんに読み込んだ「他者本位の私的所有」のアイディアは、「暴走する所有権には所有権そのもので対抗できる」と言い換えることもできるでしょう。しかしそう考えると、それは案外ホッブズやロックの掌のうちだったのかもしれず、見かけほど革新的、破壊的ではないのかもしれません。

更に『ローマ法案内』(羽鳥書店、二〇一〇年。新版、勁草書房、二〇一七年）をはじめとする木庭顕先生の仕事を踏まえるならば、「防御壁としての所有権（を含めた既得権）」という発想自体が、ローマ法以来、市民法の徒が、講学上のみならず実務をも通じて、必ずしも明示的に理論化することもなく、むしろ体験的な実践知として、ひょっとしたらさほど自覚的にでもなく、しかし営々と積み重ねてきた営みによって先駆けられていたということになり、ますます「車輪の再発明」の趣がないでもありません。更には、法律学的に言えば、実際には、生身の人間の生存を支えるギリギリの基盤としての権利を指す言葉としては、「所有」よりも「占有」の方がふさわしい――「所有」の主体としては、生身の自然人よりも、まさに資本主義で全面的に活躍する「法人」の方がふさわしいわけですが、この点を掘り下げるためには民法をはじめとして法律学に分け入らねばならないので省略します。もとより「占有」については木庭先生はもとより、土地制度や会社制度にまつわる実定法解釈学・法制史研究の成果をたくさん学ばなければなりません。経済学や法哲学、政治哲学を少しばかりかじったものの、この辺にまつわる実定法学をまじめに勉強しなかったところが、立岩さんの思考を決定的に貧しくしてしまった、とだけ申し上げておきましょう。

そして第二に、繰り返しますが、それを「所有」と呼ぼうが「占有」と呼ぼうが、このような形での、他者の権利の擁護の仕組みには、見てきたような副作用が当然にあること、です。既にみたように地上げに対する抵抗は、土地市場の歪みを生む危険があります。もともとは善意の当事者が始めた抵抗に、周囲の者たちがビジネスチャンスを嗅ぎ付けて蝟集してくることからそれは生じます。このように、制度というものはハックされる、本来の趣旨から外れた形で悪用されることが多いもので、そうした危険をあらかじめ見込んで運用するしかありません。木庭先生は、占有を、そしてその延長線上にある近代の憲法的権利、つまりは人権を基本的には防御権、外側から介入してくる暴力に対抗するものとしてとらえ、攻撃的に、積極的に外側にある何かをつかむ権利としては捉えません。民法上の「占有推定」にせよ、あるいは刑事司法手続における「推定無罪の原則」にせよ、そうしたものなのです。また我々がフーコー的な意味での抵抗をこのようなものとして理解するならば、かつてのマルクス主義者たちがフーコーに向けた「批判の根拠（としての近代に対するオルタナティヴ）がない」といった批判がお門違いであることがはっきりします。そんなものがなくても抵抗はできるし、必要な時には抵抗すべきであるし、かといって抵抗が常に無罪（「造反有理」？）であるわけでもないのです。

2　「停滞する資本主義」の蹉跌
あるいは「分配する最小国家／冷たい福祉国家」の臨界

では、第二の問題に移ります。ミクロに定位した『私的所有論』からよりマクロな経済体制論へと進もうとしたときに、立岩さんが絞り出したのが「停滞する資本主義」とか「分配する最小国家／冷たい福祉国家」といったフレーズです（立岩「停滞する資本主義のために：の準備」栗原彬・小森陽一・佐藤学・吉見俊哉編『文化の市場：交通する』東京大学出版会、二〇〇一年。同「分配する最小国家の可能性について」『社会学評論』49巻3号、一九九八年。同「退屈で冷たい福祉国家について」関東社会学会大会報告、一九九八年）。これについて検討していきましょう。

「停滞する資本主義」というアイディアは直観的には、福祉国家の財源としての実体経済についての思考と、優生主義、能力主義批判という動機とが絡まっています。「営利動機に突き動かされる自由な企業活動を動因とする資本主義市場経済においては、市場に政策的に介入すると企業活動の動機づけを歪め、生産を低下させてしまう、それゆえ福祉国家的再分配は必要最小限にとどめるべきだ（介入を強めすぎると、課税対象である総生産自体を低下させて、極端な場合には、いや一見穏健なレベルでも長期的な成長を勘案すれば、財源そのものを減らし、福祉国家的給付の絶対的な低下をもたらしかねない）」という素朴だが強力な批判に対して、立岩さんが提示しようとしたのは「ケインズが指摘しているごとく、資本主義経済の常態は不完全雇用であり、生産力、供給能力は需要に対して基本的に過剰基調であり、それゆえ財源についての危機意識を過剰に煽り立てるべきではない」という主張です。またこれと関連して「生産力は過剰基調であるのだから、企業経営、とりわけ労働におけるいたずらな効率主義、能力主義は抑制されるべきであり、もっとゆとりある労働生活が求められる」という主張も伴うでしょう。

この立岩流の「停滞する資本主義」アイディアに対しては、まずは結局これがスケッチ以上に深まることはなく、成書にまとめられることはなかった、という事実を指摘せねばなりません。その上で我々なりに補足するならば、資本主義経済が、ケインズが示唆するように生産力過剰、需要不足基調が常態であることを認めるとしても、問題はその原因が何か、ということです。ケインズ的な観点からはやはりマネタリーな側面が重要です。実際の市場経済は初歩的な新古典派の教科書が描くような物々交換ではなく、貨幣という媒介を必要とし、貨幣供給が不足すれば容易に購買力、需要は不足します。しかしこの貨幣が厄介な代物であり、それこそケインズ以降の時代においては管理通貨制の下で国家が発行主体となり、政策的にコントロールしますが、実態レベルでは民間の銀行がこの国家の貨幣（中央銀行券）をもとにそれを何倍にも膨らませた信用供給を行います。実際に経済の中で「貨幣」としてはたらいているのはこちらの、銀行の帳簿の上の数字でしかない信用の方です。

つまりケインズ的に考えるならば、資本主義経済が需要不足基調となるのはそれが貨幣経済、信用経済であるからですが、とりわけ後者の側面に注目するなら、資本主義における企業活動はしばしば長期にわたるビジネスを行い、そのためには大規模な投資を必要とし、またそれは大きなリスクに晒されてもいる、ということです。不確実性にさらされた長期にわたるビジネスを行うために、資金を貸し付ける銀行や、リスクをヘッジする保険など、広い意味での金融システムが必要となり、それなしに貨幣制度はありえません。そう考えるとケインズ的な需要不足経済をもたらすのは活発な投資、成長志向であり、それが「停滞する資本主義」となることは考えにくいでしょう。またそれは当然、バブルや恐慌、景気変動による倒産や失業の危険と無縁ではいられないはずです。

付け加えるならば資本主義経済が需要不足、供給過剰の「過剰経済」となりがちであることを、「不足経済」たる社会主義計画経済との対比で強調したのはコルナイ・ヤーノシュですが、コルナイはこうした資本主義における生産力の過剰基調を、そこにおける活発なイノヴェーションと結びつけて考察しています。つまり資本主義における過剰投資は、イノヴェーションを目指した競争の副産物なのではないか、と。この観点からしてもケインズ的経済が「停滞する資本主義」となることは想像しづらいのです（コルナイ『資本主義の本質について』NTT出版、二〇一六年、講談社、二〇二三年）。

以上の考察をもとに「停滞する資本主義」理念を退けたとしても、もちろん「分配する最小国家」「冷たい福祉国家」理念がそれと一蓮托生ということにはなりません。普通に、積極的な経済成長、完全雇用をマクロ経済政策によって実現した上での、ケインズ主義的福祉国家の特殊なヴァリエーションとしてそれが実現されてしまえばいいからです。さて、立岩さんのテキストではこの二つの表現はほぼ互換可能な同義語扱いされていますが、一応別々に検討してみましょう。

「分配する最小国家」とは、単純に言えばそれなりの社会保障給付を行い、再分配を行うが、自由な企業活動に対する介入は最低限に抑えるような国家、を想定しています。もともとのノージックの「最小国家」の概念自体、社会保障、生活扶助については消極的ですが、安全保障、治安維持、司法の運営に必要な最低限度の再分配を肯定します（それゆえに自発的結社ではなく強制力を備えた「国家」である）し、ハイエクも戦後イギリスのベヴァリッジ・プラン的な、ナショナル・ミニマムを維持する最小限度の福祉国家には肯定的です（ベヴァリッジ自身はナショナル・ミニマムの基盤に実はケインズ的な完全雇用政策を置いていたのですが、無理押しするならばハイエク的構想をケインズと出会う前の初期ベヴァリッジのピグー的な構想、完全雇用政策なしに失業保険と職業紹介のみで労働市場のセーフティーネットを形成するプランに似ていると言えなくもないです）。

もちろん問題はこのいわば「最低限」の再分配の水準、内容をだれがどうやって決めるのか、です。ノージック的最小国家においては、それは国家による強制を受け入れず独立自衛を志向するサバイバリストと、サバイバリストに武器を捨て服従することを求める国家との間の交渉によって決まると考えるしかないのですが、となれば実は「最小国家」の「最小限」にも明確に客観的かつ普遍的な基準というものがあるわけではないので、そこは「政治」の出番です。いわんやそれがより広い公共サービスを含むならばなおさらです。決まりきったルーティンに任せるわけにはいきません。

ただ具体的な水準や内容はともかく、基本的な考え方の方向性はそれなりに打ち出せるかもしれません。たとえば、かつてミルトン・フリードマンが打ち出したクーポン制度です。教育や医療、福祉などの生存維持・支援のための社会サービスの供給はすべて民間の自発的企業体に任せ、それを市場で競争させる。ただしその需要サイドにおいては政府がその費用を負担し、サービスの利用権はクーポンを発行し、その具体的な使い方は市民に委ねる。市民はそのクーポンを用いて企業にサービスの対価の支払いとする――というものです。このクーポンシステムについてはその後の具体的な研究（学校選択制などの実地レベルでの経験も蓄積されてきました）が進むにつれて、実際の運用のレベルでは様々な困難があることがわかってきましたが、伝統的な行政の枠組みにおける、極端に言えば「サービス受給者の費用負担を求めない一方で、選択の自由やクレーム（注文・異議申し立て）の自由も認めない強制的措置としてサービスを供給する」モデルがすべてではなく、やりようによっては広い意味での市場――複数の選択肢の中から互いに選びあえる開放的システム――の活用が福祉サービスにおいても可能であることがわかってきました。

クーポン制度と、やはりフリードマンが打ち出した「負の所得税」、そこからヒントを得たベーシック・インカム／ベーシック・キャピタルといったアイディアの背景にあるのは「人々の生存を支えるセーフティーネットをなす福祉サービス事業の運営にあたっても、受給者側の選択の自由、クレームの自由を支える市場の中で競争し、現場レベルで自発的な創意工夫、イノヴェーションに取り組む自由な企業を主体とし、公的な規制、介入は極力避ける。公的な介入は、そうしたサービスを受給者が気兼ねなく行えるような費用負担のレベルで、具体的にはクーポン制度による、選択の自由を担保したサービス購入権の付与や、一般的所得保障で行う」というものです。クーポン制度によるサービス選択制や、ベーシック・インカム／ベーシック・キャピタルにおける様々な技術的困難や副次的問題は枚挙にいとまがないとしても、そうした困難を理由にこれらの採用を拒否するのではなく、この発想の根幹を維持した上で、日々の困難に粛々と対応し続ける――という選択を立岩さんがとっていたとしても、それを頭ごなしに拒絶する理由はないでしょう。

ですがもう少し考えてみましょう。このような問題の解決――というよりその場その場での処理は、純粋に技術的な困難、客観的に存在する唯一の回答を探し当てるというよりは、複数の利害関係者の間でのすり合わせ、調整、交渉、つまりは政治的プロセスであることは、先にノージック的最小国家について考えたことからも明らかです。このような交渉に倦むことなく人々を駆り立てる動機づけや、理念の問題を軽視してよいものでしょうか？

ここで我々は「冷たい福祉国家」という言葉遣いに目を転じます。「分配する最小国家」は最小限、とは言わないまでも抑制された公的介入で、あとは当事者たちの私的利益やささやかな善意による自発的な活動で回るような福祉国家を目指すものでした。さてそれは「冷たい」でしょうか？　このように論じてしまうとさほど「冷たく」はない、むしろ「熱い」のではないかという疑いも兆すのですが、それでも立岩さんが「冷たい福祉国家」という言葉遣いをしたことにはもちろん訳がありました。それはまさに障害者解放運動や反精神医学のなかで培われてきた、現代社会におけるテクノクラシー、専門家支配による自律と自己決定への侵犯への抵抗、というモチーフを継承するものです。冷たくない従来の福祉国家による「弱者救済」は、費用負担をできないサービス受給者に対する、供給側による管理と支配によって支えられていたのであり、そこでは結局のところサービス受給者、弱者を、保護され、管理されるべき二級市民、劣等者とみなす視線が貫いていたのです。それはこうした弱者をあからさまに劣等者として差別する（そのわかりやすい極はもちろん障害者を大量に安楽死させたナチスである）、二〇世紀前半的優生主義とは区別せねばならないとはいえ、まったく無縁とは言えません。純然たる利他的な善意によって導かれた場合においてさえ、「弱者」に対する劣等者としての位置づけとそれに基づく管理・支配と、福祉国家は無縁ではないのです。

「福祉国家」は、一方で、過度な介入をすることによって批判され、他方で、直接的な関係を破壊することによって批判された。そして両者は矛盾した批判ではない。ただ、もし配分が自発的な関係の中で不可能なのであれば、また配分に関わる義務を認めるのであれば、それを担う主体としては――さしあたって国境の存在を前提するしかないのであれば――国家しかない。そして――これはしばしば見落されていることだが――私的な関係に移すことが、介入を弱くするという根拠はない。むしろ、私的な関係の中で、人の質を巡る介入はより多くなされるはずである。とすれば、私達に残されているのは、非介入的な福祉国家、機械的な分配だけが行われ、それ以外を人々に委ねる「福祉国家」を構想することだけだと考える。

（『私的所有論』第7章5［2］。五一二頁）

『私的所有論』で優生学や能力主義に相応の紙幅が割かれていることからも明らかなとおり、「分配する最小国家」「冷たい福祉国家」という言葉遣いには、善意と裏腹の差別によって支えられる従来の福祉国家、それを支える教育学、医学、福祉学的実践とその屋台骨をなす暗黙の差別主義への批判と、それに対するオルタナティヴへの希求が込められています。そうした立岩さんのモチーフは十分に理解できるでしょう。しかしそこには相応の困難もまたあるはずです。

たとえばニーチェのルサンチマン論を踏まえ、差別問題一般を念頭に置きつつ、永井均先生はこんな風に論じています。

あらゆる被差別者はマテリアルな闘争とニヒルな闘争を同時に闘わなければならないのですが、これは原理的に両立しがたいのではないか。この両立しがたさの意味を徹底的に解きほぐしていく作業が為されなければならないと思います。

例えばですね、歩けることと歩けないということを比べるなら、歩けることのほうが価値の高い、よい、優れた（gut）ことです。だから、オリンピックに出られるほどうんと速く走れるということは、さらに価値が高い、もっと優れたことです。眼が見えることと眼が見えないことを比べても同じです。眼が見えないことや歩けないことは、「障害」であり、はっきりと、悪い、劣った（schlecht）ことです。この価値秩序の存在を認めたうえで、それゆえに援助やその他の措置を要求するというのがマテリアルなやり方です。一方、この価値秩序そのものをあたかも無いかのようにみなさせよう、というのがニヒルな闘争です。これが成就した暁には、差別的な扱いが完璧に消滅して、文字通り全く平等な扱いが実現しますが、それゆえにどんな援助も得られなくなるはずです。この二つの闘争は原理的に両立しがたいのではないでしょうか。

（永井均『ルサンチマンの哲学』河出書房、一九九七年、四一―四二頁）

要するに福祉国家における「再分配と承認のジレンマ」（ナンシー・フレイザー&アクセル・ホネット『再分配か承認か』加藤泰史監訳、法政大学出版会、二〇一二年、他）ですが、これは解きようがないアポリアだというわけです。この永井先生の発言を踏まえるならば、立岩さんが希求する「分配する最小国家」「冷たい福祉国家」という理想は、概念的に自己矛盾を抱えて破綻するしかないものということになりかねません。もちろんこれは理念的なレベルの話であって、実際には、具体的な実践、運営の中で、突き詰めれば互いに衝突せざるを得ない理念に導かれた複数の運動が、日々交渉と妥協を繰り返す、ということになるのでしょう。しかしそこに明快な、誰もが納得する解などはない、ということです。となればそれは政策担当者やソーシャルワーカーの一方的な独善ではないにせよ、「冷たい」とは程遠い、関係者の熱心なコミットメントに支えられざるを得ない仕組みではないでしょうか？　つまるところ「分配する最小国家」「冷たい福祉国家」の樹立と維持は、一度きりの価値転換で済むようなものではなく、その価値転換を逆手にとって再分配を否定してくる反動との絶えざる闘いになるしかないのです。とはいえここであえて堂々と無理押しをしようとするのが小泉義之先生です。

障害者差別は、最近の構築物などではなくて、人類誕生以来の原罪と言うべきであって、内なる優生思想は死ぬまで治らないし、現生人類が死滅するまで治らないでしょう。それではあんまりなので、少しだけ述べてみます。障害者を安んじて生み育てられない社会が悪いと言う人は、一方では、当面は選択的中絶は仕方がないと諦め、一方では、改革プランを真面目に考えるのを放棄している。だから、私としては、言い訳はさんざん聞かされたから、とにかく政治的社会的な改革の方向を示してみろ、と言っておきたい。ここまでは、いわば顕教です。しかし、顕教だけでは足りない。いつだって改良主義は現状維持にとどまる。そこで、密教を確立する必要があります。率直に言ってしまいますが、私は、障害者がたくさん生まれたほうが、少なくとも、闇に葬られている障害胎児を生かすだけで、よほどまともな社会になると考えています。街路が自動車によってではなく車椅子や松葉杖で埋められているほうが、よほど美しい社会だと思う。痴呆老人が都市の中心部を徘徊し、意味不明の叫びを発する人間が街路にいるほうが、よほど豊かな社会だと思う。そのためには何をなすべきかと問題を立てています。

（中略）

まずは価値転倒です。劣等なものこそ優等である。劣等な生命こそ優等な生命である。一九七〇年代の障害者自立運動が教えたことの一つは、そのことでした。この価値転倒は、感性や趣味に関する美学的な争いだと思います。政治的争いでも道徳的争いでもない。

障害を生きる人間に出会うと、スゴイと感じるし、カッコいいとすら感じることがあります。いつからそんな感性が自分に身についたか定かではありませんが、少なくとも、差別問題に関する議論のおかげだけではないことはハッキリしている。ただし、私は、この辺りの個人的な修練の経験について語ることに意味は感じないので、すぐに制度的な変革の話にもっていきたくなります。例えば、感性を鍛えるには、義務教育の年限を減らし教科など廃棄して、完全な統合教育をするべきである、とか。しかし、そのことの政治的で道徳的な正当化理由を編み出すのは難しいいし、結局のところ、徒労に終わると思ってもいる。それこそ、現生人類の原罪のせいです。だから、基本的には、文化闘争が必要だと考えています。

（小泉義之『生殖の哲学』河出書房新社、二〇〇三年、一一一―一一二頁）

しかし永井先生が指摘するように、価値転倒は価値転倒でしかなく、あくまで転倒すべき既存の価値序列を前提としています。つまりそれは実は新しい価値の創造ではないのです。だからそれは見かけほど革命的というわけではありません。繰り返しますが、それはすぐに更なる価値転倒、つまり反動、バックラッシュに晒されます。街に出た障害者がバッシングを受けているのを見れば、「逆差別」の呼号を聞けばすぐにわかることです。問題はどちらが正しいか、ではありません。転倒に次ぐ転倒、反転に次ぐ反転に終わりはなく、問題は人々がそれに耐え続けられるかどうか、です。耐え続けるためには不合理と分かっていても一方に賭け続ける理想が必要なのであり、しかしそれは不合理だとわかっているがゆえに小泉先生もそれを「密教」と呼ぶのです。

あえてもう少し真面目に小泉先生の理路を追ってみるならば、その立場は好意的に見れば単なる価値転倒にはとどまらず新たな価値創造にコミットしようとする、今風に言えば加速主義左派とでもいうべきものです。ただ単に多数の「弱者」を抱えて放任しても破綻しない豊かな社会、そのもとでの充実した福祉給付を求めるだけではありません。生殖医療、遺伝子操作、サイボーグ技術、更には人工知能（小泉「人工知能の正しい使用法」『闘争と統治』所収）まで含めてあらゆる技術革新を総動員して障害者、病者を治療どころか改造して超人化していくトランスヒューマニズム左派とでもいうべき立場が、小泉先生が展望するものです。

そうしたトランスヒューマニズムが右翼的なエリート主義、優生主義ではなく左翼によって主導されねばならないし、またそれが可能だという小泉先生の立場を忖度する、というより深読みして再構成するなら、それはいわゆる「ヒューマン・エンハンスメント」思想の大半がそこにとどまっているような、標準的な人間の知性や健康を自明視し、その単純な拡張以上のものを目指さない、健常者のナルシシズムよりも、病者や障害者による価値転倒こそが、ラディカルな人間改造への展望を切り開く、という左派シュンペータリアンとでもいうべき発想です。人間に限らず、遺伝子操作やロボット技術による怪物の誕生を、原則として新たな価値の創造として肯定しようというのが、小泉先生の提示するパースペクティヴです（実際には小泉先生は、これは資本主義を「褒め殺し」を通じて危機に陥れようとする戦略だ、と説明しています［小泉「資本主義の軛」『闘争と統治』所収」が、そうだとすれば時代遅れの危機待望論で実に無責任です。ベネズエラにも見るように、資本主義の打倒なんて実に簡単で、あっさりと崩壊します。問題は、後にくるものがよりひどい、ろくでもない混沌でしかないということです）。

このような立場がどこまで徹底できるか、また実践的にどの程度の意義を持つかどうかはともかく、ひとつの理論的な可能性としてはそれなりに興味深いと言えます（個人的には、主流派ないし右派のトランスヒューマニストとの力勝負になったときには、決して頑健とは言えないと考えます）。ここまで徹底するならば、それを一方の支持基盤とした「分配する最小国家」は、もはや「冷たい福祉国家」とはいいがたいが、たえざる葛藤をそのうちにはらみつつもそれなりにリアルな存在として自立しうるかもしれません。しかしそれは、確認しておくならば、「停滞する資本主義」の支持者にとどまっていた立岩さんの立場とは一致しえないでしょう。

2・5　税を直す？

ここで再分配に立ち戻って少し余計な話をしますと、「分配する最小国家」は「冷たい福祉国家」ではあっても必ずしも「最小福祉国家」ではありません。レトリックに堕さないように具体的に言いますと、最低限の生活水準（ナショナル／シビル・ミニマム）だけを保障してあとは自助努力に任せるとは限らない、そもそもその「最低限」がどこかという線引き自体が政治的な決定に他ならないからです。そして立岩さんも最低限保障でよしとするわけではなく、ロールズやドウォーキン、センらと同様に――同じ論法で、というわけではないにせよ政策的な具体化の方向性では似たような方向で――、最底辺の人々の生活水準をただ生存維持可能なように保障するにとどまらず、富者の生活水準を多少引き下げてでも上げようとする、積極的再分配を志向するわけです。平たく言えば立岩さんは、質的には細かい規則や官僚の裁量による統制が少ない一方で、量的にはより充実した行政サービスを行う政府を展望しているわけです。そうなると財源の問題が生じます。先に見たように立岩さんは基本的にはケインズ的な需要不足、供給過剰の経済が常態であることを想定していたわけですから、大局的には財源に関する楽観論を基調としていたわけですが、それでも福祉行政サービスの財源確保のために、強めの再分配、具体的に言えばかなり累進性が強い税制の導入を想定していたわけです。となればその中核は累進的な、富裕層や高所得層になればなるほど絶対的な税負担が大きくなる資産税と所得税ということにならざるを得ません。とすれば所得税、中でも勤労所得に対する課税は、得られる行政サービスの価値以上のものを租税として徴収される羽目になる高所得者にとっては、間接的な強制労働の仕組みと言えなくもないわけです。どれほど行政官僚制による恣意的統制を排し、管理を簡素化して行政の強権性を減らしたところで、重税を課すのであればやはり国家の強権性がなくなるわけではない。

強めの積極的再分配を容認する、と言うよりむしろ要請する以上、「分配する最小国家」はその名前が与える印象ほどには弱いわけではない、だとすれば立岩さんの構想するような「自由の平等」もその実際的な内実においては、既存の福祉国家とそう変わるものではありえない。

これのどこに問題があるのでしょうか？　原則的に言えば大した問題はないと私は思いますし、実践的な政策提言の書である『税を直す』（村上慎司、橋口昌治との共著、青土社、二〇〇九年）での立岩さんの議論の基調もそのようなものと言えます。つまり強めの累進課税を提唱し、それによる高所得者・富裕層へのディスインセンティヴ効果はそう強いものではない、と主張するわけです。ただ原理的なレベルに照準を合わせるならば、立岩さんのレトリックにミスリーディングなところがあり、論理的な一貫性は破綻してはいないとしても、心情的には読者を謀る論述になっているのではないか、という疑いなら残りそうです。つまり立岩さんはリバタリアンをだます、とは言わないまでも福祉国家と妥協させるために「分配する「最小」国家」なるレトリックを弄しているのではないか、と。

そのあたりを念頭において、果たして立岩さんの擁護になるのかむしろ批判になるのかはわかりませんが、明後日の方向からの砲撃を試みます。非常に古典的な立場ですが、ある種の社会主義の主張であり、またいわゆるリバタリアン左派の中にも賛同者を見出せるはずの議論として、自己の身体以外の外的なものを資産として所有することを認めない、という立場がありえます。そこからすべての土地と資本財を国家が所有し、経営する、ではすでに破綻した中央指令型計画経済ということになりますが、国家から土地や資本を借りてビジネスを行う自由企業主体の市場経済、というモデルも理論的は想定可能です（いわゆる市場社会主義）。とはいえ実際には、資本財の私有を認めない、という考え方は技術革新と知的所有権の扱いに困難を抱え込むはずです。つまり国から借りた資本を用いてただビジネスを行うだけではなく、その中で新しいアイディアにたどり着き、利益を増やした場合、その利益の配分はどうするのか、とりわけその利益を新たな投資に振り向けたとき、その新たな資産は誰に帰属するのか、原則を重視するなら国家に帰属するしかないが、そんな状況下で果たして人々は技術革新に挑む気力がわくのか——といった問題が生じます。ですから資本財の全面的国有化とレンタル化はあまり合理的ではないでしょう。しかし、土地ならどうでしょうか？——実際、社会主義者に限らず、土地公有化論は一九世紀においてはそれなりに有力な思潮として存在しました。まず非常に素朴な公平性の観点からして、本人の努力に帰しうる労働所得の格差は正当化可能だとしても、親から相続した土地や資本による格差は正当化しえない、という議論は根強いものでしたが、効率性の観点からも、資本の格差は蓄財努力や技術革新の努力を反映したものでありうるが、土地の格差にはそのような弁護の余地はないのみならず、利益のために投資に意欲を持つ資本家と違って、地主には土地改良への動機がない（土地改良の努力は主として土地を借りてビジネスを行う資本家が担う）ので、私的所有にしようが公有にしようが特に差はない、とされたわけです。となれば、私的所有本位の資本主義市場経済体制の下でも、土地は私有に任せるより公有化した方がよい——このような議論がかつて影響力を持ちました。そして現在、新たな技術環境の下でこの構想を復権しようという動きもあります。
たとえばエリック・ポズナー＆グレン・ワイル『ラディカル・マーケット』（東洋経済新報社、二〇一九年）のアイディアがあります。彼らの議論は単純な土地国有化論ではありませんが、土地所有から得られる利益を基本的には競争的市場から逃れる独占利得と見做し、それに強烈な課税を行って、その有効活用を促すと同時にその利益を公共へと召し上げることを目指します。彼らは課税のための資産価値の評価・申告についても様々なアイディアを持っており、大変興味深いものです。

この発想をヒントにすれば、以下のような考え方が出てきます。すなわち、労働所得への課税は間接的強制労働であり、基本的な自由の侵害で、ディスインセンティヴ効果もあるので望ましくなく、必要だとしても極力抑えるべきだが、不労所得、つまりは資産所得への課税はそうでもない、と。更にこの発想を極端に推し進めるならば、労働には一切課税せず、土地や資本といった資産からの所得にのみ課税すべきだ、となります。更には「資産からの所得」ではなく、それが金銭的な所得を生み出していようがいまいが、資産それ自体に課税する資産税でよい、つまり所得税を全廃して資産税一本でやってしまえ、というところにまで行きつくわけです。後者の発想は別に無茶でも何でもなく、現在の資産課税の仕組みの中にも生きています。たとえば借家ではなく持ち家に住んでいれば、持ち家それ自体は直接的には何ら現金収入を生まなくとも、実際には同等の借家の賃貸料と同額の価値のあるサービスを発生させているわけだから、その価値の分に課税しても構わない、いやすべきだ、というわけです。なぜ「構わない」にとどまらず「すべきだ」まで行くのかと言えば、公平性の観点からは、借家住まいで家賃を負担している（そしてその分余計に働かざるをえない）人との均衡が保てるように、となりますが、効率性の観点からも、せっかく持っている家を無駄遣いしない、住んでも住まなくても持っているだけで課税されるのであれば、住んで使った方がましになり、資源の有効活用となる、という理屈になります。つまり直接に所得を生んでいようがいまいがその存在自体に課税される資産課税という仕組みは、公平の観点からのみならず、資源の有効活用を促すという効率性の観点からも望ましい、というわけです。

さてここまで考えたら当然、立岩的「分配する最小国家」のひとつの具体化として、所得税を廃絶して資産課税のみの財政システム、というものを考えることができそうです。理論的には十分ありうるし、歴史を顧みればかつてそれに近いものがなかったとも言えません（そもそも所得税はかなり新しい仕組みであり、地租や物品税、関税などの方が古くからあるわけです）。問題はそれが現在の、高度な医療保障や老齢年金を含めた福祉国家体制を引き継げるものかどうかは、原理的には決まらず、具体的に検証するしかない、ということです。大雑把に言えば、所得格差の主因が労働所得のそれにあるような経済社会においては、資産課税のみで財政ニーズを賄うことは困難でしょう。しかし所得格差の主たる要因が、一九世紀以前のように、あるいは近年のトマ・ピケティらの仕事が示唆するように、資産所得と労働所得の間の格差、資産所有の格差にこそあるのだとすれば、資産課税のみの――とは言わずとも資産課税を主軸とする財政のリアリティはぐっと高まります。にもかかわらず不思議なことは、立岩さんが全くこの可能性に、いやそもそも所得税と資産税との区別それ自体に無頓着で、気づいてすらいないように見えることです。

なぜそうなったのか？　単に立岩さんが不勉強だった、で話は済んでしまいそうな気がしますが、もう少し掘り下げましょう。そもそも他者の身体の私的所有の尊重を軸に据えた立岩さんが、身体以外の財産の不可侵性は逆に否定して、いくらでも課税してよいし何なら収用したってよい、などと単純に考えたとは思えません。身体のみの私的所有が生存の基盤になりうるためには（障害を度外視しても）労働市場か土地・資本財のレンタル市場のどちらかが十分に機能している必要があります。そうでない場合には、身体ひとつあっても人は何もできず、最低限の自然環境や技術的基盤、つまりや土地や資本が必要になります。産業革命以前の小農のことなどを念頭においてください。「他者の存在を侵害しないために、外側から触れてはいけない領分」の境界線として物理的身体の境界はわかりやすいですが、そこさえ侵害しなければよい、などというものではありえません。このような警戒心がひょっとしたら立岩さんにはあったのかもしれません。

しかしながらこの資産課税オンリーのシステムの考え方は、突き詰めると相応の魅力を持っていますので、もう少し見ておきましょう。もちろん標準的な経済学の理論からは、これは嫌われます。つまり土地や資本にばかり課税するということは、労働に対して免税するということになり、本来よりも労働の価格を割安にしてしまう。そしてその分資源配分を歪め、効率性を損なう、と。しかしもちろん経済学者たちはその先を考えます。すなわち、やっぱり労働にも課税しよう。ただしそこで我々はそれを所得税としてではなく、つまり実際に行われた労働から得られた利益に課税するのではなく、一種の資産税として行うのだ。つまり固定資産税が資産所得に対してではなく資産の存在そのものに対して課されるのと同様に、労働（の成果）に対してではなく、労働する能力、いわば人的資産そのものに対して課税するのだ、と。こうすれば歪みは再修正され、より中立的な税制ができあがるはずです。多くの資産を持っている人からたくさんとるだけではなく、たくさん稼げる有能な人にも、それだけたくさん税を負担してもらう、という点で強烈な応能負担であり、積極的な再分配システムです。先述のポズナー&ワイルはまさにそうした戦略を提示しています。

ただそこには、立岩さん的な立場をとらずとも、誰の目にも明らかな問題があります。つまりそれは、ただ単に多く稼いだ人には多く負担してもらう、では済まずに、仮に実際に稼いではいなくとも、稼ぐ能力がある人には多く負担してもらう、という仕組みになります。つまりそれには普通の累進的な所得税以上に強い就労促進効果があります。下品な言い方をすれば実質的強制労働システムとしてより強力だ、と。純粋に資源配分・活用の効率性の観点からすれば、この人的資産課税は労働所得課税よりも優れていることになります。しかしこのように人的資産と土地や資本などの物的資産を完全に対称的に扱ってよいものでしょうか？　遊休資本や土地の活用を促すのと同じ理屈で、自らの希望で休んでいる人に労働を促してよいものでしょうか？　ある意味ここには「人的資産（資本）」という考え方の無理が端的に表れていると言えましょう。

単純素朴に考えてみますと、土地や資本を遊ばせておいて、誰にも貸さないし自分でも活用しない、という選択をするということは、「本来なら得られたはずの利益」を放棄したという意味では損を意味します。それに対して労働の方はどうでしょうか？　労働の方はずいぶん違うのです。一定時間労働するということは、その分余暇を失うということであり、その分の苦痛を被ることでもあります。人は労働して得られた所得からだけではなく余暇の自由な時間からも利益、効用を得るものであり、そのあたりをバランスさせて生きていきます。つまり労働においては、何もしないことが損ではなく、実質的な利益となりうるということです。

そして立岩さんの理路からすれば、労働しない権利はもちろん、土地や資本を遊ばせておく権利もまた、公共の利益といったお題目によって安易に踏みにじられてはならないものとして浮かび上がるはずです。

特に先述のポズナー＆ワイルの構想を子細に見ていくなら、そうした警戒心には理があることがわかるはずです。彼らの構想において核をなすのは、課税の基礎をなす資産評価において、資産保有者が節税のために過少申告をする危険をいかに回避するか、です。そのために彼らが提示するアイディアは、資産家は自己の資産評価に際して、自分がつけた評価額を上回る額を提示した投資家が出現したときには、その資産を売り渡す義務がある、という強制売買の仕組みです（これは明治期日本での地租改正に至るプロセスの中で試行された「壬申地券」そっくりです）。たしかにこうすれば節税目的での過少申告の危険は抑えられそうです（し、またなにより先述の地上げの例にみたようなバブルの防止策ともなります）が、これは立岩的、あるいは木庭的な立場からは、市場経済に対する防壁としての所有・占有を骨抜きにしてしまう暴挙と言えるのではないでしょうか（つまりこの発想は自由市場を徹底的に活用しようという意味でリバタリアン的な色彩を濃厚に帯びてはいますが、所有権を極端に弱体化させることによって多くのリバタリアンの反発をも生むでしょう）。ましてこれが人的資産、労働に適用された場合には、かなりグロテスクな帰結が考えられます。つまり、この仕組みをそのまま労働に適用すれば、文字通り人の顔を札束ではたいて強制的に働かせることが可能となってしまいます。もちろん奴隷制を否定するなら人身の丸ごと買取りはできないわけですが、土地や資本についての強制貸出に対応する形で、強制雇用ということになりますが（単純化すれば、人に「これ以下の対価・条件では働かないよ」という最低賃金を申告させて、それ以上の対価・条件を提示した雇用主が出てきたら、必ず労働を提供しなければならない、ということになります。うるさく言えば、指揮命令下に入る雇用よりも請負形式に相応しいですが）。

ある意味でこれは万人に課税権力を与えるものと言え、その意味では、規模的に大きかろうが小さかろうが、非常に強権的な政府を要求します。繰り返しますがこの仕組みは、市場に所有（占有）を従属させる仕組みであって、権利を効率に服従させるものなのです。たしかにそれは恣意的な権力を排し、透明性の高いルールにのっとった統治であり、また自由な市場を重んじます。しかしながらそれは市場に参加する限りでの人々の最大限の自由を（それが効率的であるがゆえに）尊重する一方で、（人的資本まで含めた包括的な資産課税によって）市場から降りる権利は頑として認めない仕組みなのです。そして具体的に何もしなくても、ただ生きているだけで、存在しているだけで課税されるというとんでもなく強権的に見えるこの仕組みは、実は案外と立岩さんの構想と近いところにいるのです。課税対象にされる、とはその存在を認知される、無視されないということです。それは福祉サービスの受給資格と裏表をなすのです（納税していなければ福祉の受給権がない、ということではありません。統治の空間において、人が課税の対象となりうることと、福祉の対象となりうることは、互いにまったく無関係ではなく、むしろ密接に関わり合っている、両者はある前提を共有し、同じ基盤に支えられている、ということです）。「他者の存在をただ認め尊重する」ということを、個人的な倫理の水準ではなく、公共的な制度のレベルで実現しようとすれば、こういう仕組みになってしまう必然性——とまではいわなくとも蓋然性があります。そこでは市場から降りる権利は納税によってはじめてあがなわれるわけです。

やや脱線しましたが、立岩さんの「他者本位の私的所有論」の本義は、市場経済、資本主義の基礎であると同時にそれへの抵抗の根拠として所有権を位置づけるものであったとして、その所有権の対象、財産とはどのようなものか、どのようなモデルで考えられなければならないか、を改めて検討してみましょう。たとえばロックにおいてそれは土地であったわけですし、批判の対象ではあれマルクスにおいては、財産の典型は土地ではなくもはや資本でしかありえなかったわけです。更に二〇世紀以降はマルクス的な資本の更に典型、基本形は法人企業、株式会社であり、その持ち分としての株式、証券となりました。ポズナー&ワイルの構想も、あらゆる資本と土地の、のみならず人の能力についてまでの徹底した証券化を目指すものと言えます。では立岩さんの場合は？

人の身体はもちろん、立岩さんが考える財産の典型でありかつ究極形であるということになるでしょうが、それはいかなる意味においてでしょうか？　それは先述した地上げの例におけるように、いざというときは無限の価値を主張して市場に抵抗するようなものであり、ポズナー＆ワイルの税制によって透明化されることに抵抗し、人のプライバシーを守るものです。ではそれ以外のものは？　土地、自然環境もまたそのようなものとして現れることが、立岩さんの構想にはふさわしいでしょう。では資本は？　このあたりについて立岩さんの遺した書き物はほとんどヒントを与えてくれません。『自由の平等』にせよ『税を直す』にせよ、立岩さんは一足飛びに天下国家というか、マクロ的な政治経済体制に進んでしまっています。しかしおそらく『私的所有論』に続いてなされるべきだったのは、そのような不透明な防壁としての私的所有権を尊重しつつ、どのようなビジネスを人々は行っていくべきなのか、についてのミクロ的な構想、法律学的に言えば会社法や労働法、消費者法にあたるような領域の議論だったのでしょう。税制や財政の話はそのあとでよかった、というよりそうするべきだった。

３　肯定することの困難

それでは先に見た立岩さんと小泉先生の違いに注目しつつ、最後の、第三の論点に入っていきましょう。

立岩さんの他者論を敷衍するならば、社会を自分の仲間として、福祉国家を含めた共同体を仲間の相互扶助として考えるのとは別のやり方、社会を他者との出会いの場として、福祉国家も相互扶助としてよりはそのような他者への贈与としてとらえる――相互性を否定するわけではないが、二次的なものと考え、かつ相互性を派生させる一次的な水準を個人の利己性ではなく他者の肯定に置く――立場が提示されていることは既にみたとおりです。ここではその生存を守られ、尊厳を肯定されるべき「人間」はまずは他者として現れます。そうした他者に出会う主体、いわば「理論の主役」は、他者を「人間」と認めた上で、反射的に「他者の他者である自分もまた人間である」と自覚します。そのような仕掛けになっています。単独者としての主体は、ただ単に自己の欲望と能力のままに生きていればよく、自己の存在を「人間」といった尊厳あるものとして肯定する必要はない。尊厳を認める必要がある対象は他者として現れる。極端に言えば立岩さんにはこのような構えが潜在しています。だからこそ立岩さんは年少者向けの入門書のタイトルを『人間の条件　そんなものない』（理論社、二〇一〇年。増補新版、新曜社、二〇一八年）としたのです。立岩さんは人間の何たるかを語る時に、徹底してパーソン論的な「線引き」を否定し、回避しようとします。

しかしながら奇妙なことにその立岩さんは『私的所有論』以来一貫して動物倫理、動物解放思想に対して冷淡、を通り越して否定的であり、最晩年の著書『人命の特別を言わず／言う』

（筑摩書房、二〇二二年）では丸々一冊を費やして動物倫理の批判を試みました。そして実際、それと決して無関係ではないでしょうが、『私的所有論』の時点で、実は人間の暫定的な定義めいたことを言ってしまっているのです。そこで立岩さんはある種のパーソン論におけるような、何らかの客観的な評価尺度に照らして「これは人間である／ない」といった線引きをする論理を拒絶した上で、それでも「何が人間で何が人間ではないか」の区別をとりあえずしようとするなら、結局「人から生まれるものが人であり、そうでないものが人ではない」（『私的所有論』第5章3、第2版、三二五頁）とするしかない、と述べています。これはもちろん循環論法であり、人間の定義と呼べるような代物ではない、とは立岩さん自身も認めるところです。しかし実践的には当面これで過不足はない、あるいはこれよりましなことが言えそうにない、と。そして実は「他者」としての資格が認められる対象は、この意味での「人」に実質的に限られてしまうのです。

しかしこれは本当のところ倒錯しています。立岩さんの本来の理路によるならば、我々はある明確な基準をもって他者とそうではないものとを、あるいは人間とそうではないものを区別するのではありません。（もちろん、後からよくよく考えたり実際に付き合ったりしてみれば、それは錯覚、錯誤であったという可能性だってもちろんあるのだろうけれども）こちらが理性的にあれこれ判断する前にいやおうなく向こう側から他者は他者として、つまりはパーソン論が想定するような人格的尊厳を備えた存在として、つまり人として立ち上がってくるのであるはずです。「人から生まれるものが人であり、そうでないものが人ではない」という理屈はそういう理路とは折り合いません。「人（A）から生まれるものが人（B）である」というとき、Aはなぜそう言えるのかはわからないけれども否応なく我々が「人」とせざるを得ない他者だったとしても、いったんAが人であることを受け入れてしまったならば、そのAが生んだBを「人であるAが生んだがゆえにBも人である」と判断してしまうことは、Bに対して他者として向き合うことの回避ではないでしょうか？　むしろ「人から生まれるものが人であり、そうでないものが人ではない」などというのはやめて、「我々には究極的には、何が「人」――他者として現れてくるのか、そのときになってみないとわからない。ある種の動物が（あるいは機械が）「人」であると気づいてしまう可能性は、原理的には否定できない」と居直ってしまってなぜいけないのでしょうか？

しかし立岩さんは結局のところここから踏み出すことなく、動物解放思想を終生拒絶しました。ここで言わずもがなのことを言うなら、前節でみた通り立岩さんの構想は「おおむね生産力は過剰である」という前提に基づき「だから福祉国家の財源について過剰な悲観論は慎むべきである」「「あちらを立てればこちらが立たず」的悲観主義には警戒すべきである」という方向性に立っていたはずです。この考え方からすれば、動物の権利や福祉に配慮することが、人間のそれに対する配慮とトレードオフになる、といった心配はナンセンスであるはずです。にもかかわらず立岩さんは、あたかもそういうトレードオフがあるかのごときスタンスをとっている。これは理屈に合いません。

とはいえ立岩さんがそうした立場をとったことについては、ある程度理解可能な理由もあります。具体的には、現代的動物倫理学の創始者とも呼べるピーター・シンガーが、種差別批判論を提起したうえで、その論理的コロラリーとして、嬰児殺や重度知的障害者への安楽死の容認の可能性を結論付けてしまった（シンガー『実践の倫理（新版）』昭和堂、一九九九年、他）ことへの批判的意識が、立岩さんをして動物倫理に警戒的にさせたのでしょう。

とはいえシンガーは積極的に「知的障害者を殺せ」などとは言っていません。功利主義者シンガーによれば、意識があり、快苦を感じることができる主体は、何であれ尊重に値します。その意味で人間と（複雑な神経系を備えた）動物とは、道徳的配慮の観点からは、原則的に対等なのです。そうであるならば、資源が有限なこの現実世界においては、緊急時において、あるいは長期的な展望の下では、誰かの福祉を別の誰かの福祉よりも優先する、その分誰かにしわ寄せが行き、犠牲が必要となるような場合に、優先順位をつける必要が出てきたならば、無条件に人間が動物より優先されなければならないとは限らない、という程度のことしか、実際にはシンガーは言っていません。こうした「ごくごく特殊な場合には、人間を犠牲にして他の動物を助けるべきである、ということも起こりうるかもしれない」程度の議論を針小棒大に取り上げることがクリティカルな批判になりえるかどうかは心もとありません。

更に言えばシンガー的功利主義は動物倫理学の出発点にすぎず、いまや決して主流ではありません。いわんや動物解放論者がみな中絶や嬰児殺、あるいは障害者の安楽死に対して寛容であるわけでもまったくありません。そもそも現代の動物解放論においては、効用概念を軸とし、権利概念に対して道具的価値しか認めず、それゆえ動物どころか人間の権利という理念に対しても実は冷淡なシンガーとは異なり、権利本位的な道徳理論をとり、動物に対しても権利主体性を認める立場の方がむしろ主流です。このような立場に対しても立岩さんは「動物は人間と相互承認する間柄にはなりえない、動物は自らの権利についてクレームを立てえない、それゆえ動物は権利主体とはなりえない、動物の「権利」は人間が勝手に押し付けたもの以上のものとは言えない」との理由で否定的ですが、このような考え方はそもそも権利理解としては稚拙です。我々は人間について既に、自らの権利要求ができないからと言ってその権利を認めない、という類の議論は法的政治的も、道徳的にも拒絶しているはずです。というより、そもそも障害者解放思想に触発された立岩さんの他者論自体が、そのような精神に導かれたものではなかったでしょうか？　他者は自ら権利要求をしてくる必要はありません。そのおそれを主体が見て取ったならば、他者は他者であり、「人間」扱いされるのです。そこでの主体の他者への配慮は、パターナリスティックな保護ではなく、権利の尊重です。先にも触れましたが、憲法学者風に言えば「防御権」としての人権に対応するものが動物にもあると考えるのは不自然ではないでしょう。もちろんその「防御権」の行使を動物自らができないとしても。

そもそもここで立岩さんが性急に、現場を離れての人間の定義——とは言いがたいが人とそうではないものの、前もっての線引き——をしなければならない理由は実は明らかではありません。たとえば木庭先生の「占有」のように、「定義不能」と居直ってしまってなぜいけないのか？　どうせ「人から生まれたものが人である」も定義と呼べるような代物でなかったのだとしたら、それで別に構わないのではないでしょうか？　フーコーが人間のことを「先験的―経験的二重体」と呼んだのは、結局そういうことではないでしょうか？　我々には結局のところ、人間に対して「自分とその同類」以上の規定を与えることはできず、客観的な定義はどこまで行っても不可能なのではないでしょうか？　そしてその「同類」規定は、コミュニケーションが成立した、「他者」として立ち上がった、そのときに事後的に与えられるしかなく、「人から生まれた」といった事前的に与えられる規定は決定的な意味はなさないのではないか？　そもそも立岩さんの本旨もそちらの方にあったのではないでしょうか？

少し余計な話をすれば、おそらくここにあるのは「肯定することの困難」です。立岩さんではなく、小泉先生の方から見てみましょう。小泉先生もまた「線引き」を拒絶する方向でものを考えようとしてきたからです。

小泉先生はこんな風に書いています。

〈生きることはよい〉。これがモラルの最低限の原則であり最高の原則である。モラルはこれだけで十分に足りる。そして必要ならば、ここから直ちに〈殺すことはない〉が出てくる。

(『弔いの哲学』河出書房新社、一九九七年、七七頁)

ここで重要なことは「殺すな」ではなく「殺すことはない」だということです。どういうことか考えてみましょう。まずそもそも「生きることはよい」であって「生きねばならない」ではないということが肝心です。生きようとする欲望が肯定されていますが、生きることが義務化されているわけでもないのです。これとある意味同様に、殺さないことも義務化されていないというわけです。

人の、というより生き物の生きようとする欲望、志向を肯定するところから始めたとして、それを損ない、害する契機について考えましょう。特に動物の場合には、生きるためには他の生き物を殺して食わねばならないので、生き物同士の間で相互に対立が生じることはもちろんありますが、絶対的に不可避かというとそこは実は未解決の問題であると言えます。生態学でいうところの生産者である植物の場合には、必ずしも他の生き物を食う必要はないからです。もちろん植物の場合にも、土壌や日光などの限られた資源をめぐって他の生き物と対立することはありますが。ただ重要なことは、生き物が生きるにあたって、他の生き物を殺すことは、限りなく必然に近いですが、完全にそうというわけでもないのです。というわけですから小泉先生は、他の生き物を殺すことは、それを直接食うわけでもなければ、生きていくうえで必要、避けがたいというわけではない、と考えるのです。とりわけ人間においてはそうです。ヴェジタリアンの実践に見られるように、動物を食わないという生き方の可能性は残っています。いわんや、人間を食う必要はありません（現代では、ここに臓器移植というファクターが入り込んで、状況をやや錯綜させているのですが、小泉先生の視点からすれば臓器移植は食人の延長線上において理解することができることになるでしょう）。

だとすれば、人間に他の人間を殺す理由というものがあるとすれば、食料とするため以外の理由でしょう。端的に言えば、邪魔になるから排除したい、という理由です。このような対立が生じてしまうことが現にあるのは確かです。さてここで、本当はこういう対立の克服可能性は絶無ではないかもしれませんが、とりあえずそれはない、つまり対立は避けがたいと認めたとしましょう。となれば、人が他人や他の生き物を「邪魔になるから排除したい」と思ってしまうのも仕方がない、となります。つまりそういう欲望は、肯定される。積極的に奨励されないまでも、消極的に容認されはする。

しかしながら「邪魔になるから排除したい」という欲望を肯定する、容認することが直ちに「殺したい」という欲望をもまた肯定する、容認するわけではない、というのが、ここでの小泉先生の本旨です。だから「殺すことはない」なのです。邪魔になる他者を排除したい、他者からの介入を取り除きたい、というときに、何もその他者を殺す必要はなく、殺さない程度に無力化するのでもよいし、そもそも相手に何かするわけでもなく、相手から距離を置くだけでもよい。「殺す」というやり方はシンプルでわかりやすいけれども、実際にはなかなか困難だしそれなりの副作用もあるし、なにより「生きることはよい」という原則に反するのだから、どうしても邪魔な他者を排除したいというときにも「殺すことはない」。小泉先生が言いたいのはこういうことでしょう。

しかしなぜ「殺すことはない」であって「殺すな」ではないのか？　真の問題はここです。「殺すな」の方が具体的かつ強く拘束的であって、「殺すことはない」というあいまいで具体性を欠いた言い方よりわかりやすく「生きることはよい」の支えとなるのではないか？　ということです。これについては、こんな風に考えることができます。

ごく単純に言えば「殺す」のような強い禁止の副作用とは、コーチングなどでいうところのネガティヴ・シンキングです。「殺してはいけない」という形で定式化されたルールが意識化されると、「殺す」という選択肢が禁止の対象としてであれ強く印象付けられてしまうということです。つまり禁止が実質的に煽りになりかねないのです。

スポーツのたとえでいえば、ピッチャーに対して、相手バッターの打ちやすい外角低めを避けて投げさせたければ、コーチは「外角低めに投げるな」というべきではない、ということです。そうではなくむしろそれ以外の具体的な選択肢として「内角に投げろ」というべきなのです（よりはっきり対極の「内角高め」というべきか、外角低めと内角高めは対になっていてどちらも相対的に打ちやすいので「内角低め」というべきかという技術論はしません）。

私見ではこれはフーコー『知への意志』やドゥルーズ&ガタリ『アンチ・オイディプス』などで問題とされていたことです。つまり、禁止、抑圧という形での煽り、倒錯した欲望の生産、という問題にもつながります。

しかし野球といった特定のスポーツのローカルな戦術論ならまだしも、これを一般化するわけにもいきません。つまり「外角低めに投げさせたくないからあえて内角に投げさせる」というやり方が万能というわけではないのです。「生きることはよい」は根本的な第一原則ですが、それを具体的に実現するために「生きろ／よく生きろ」「生かせ／よく生かせ」という命令にしてしまっては台無しだ、ということです。なんとなれば「よく生きる」ことの中には「自由に生きる」という契機がほとんど不可欠のものとして入っているからであり、それが義務化されてしまえば台無しになるからです。しかしそれだからこそ「生きることはよい」は具体的な指針として提示しにくい。「殺すことはない」も同様です。では具体的にどうすればよいのか？ がそこからは出てこない。これに対して「生きる／生かす」ことの否定はそうではない。だから「殺すな」という命法がどうしても原則として浮上しがちなのです。

そして実際小泉先生も、永井先生との対談『なぜ人を殺してはいけないのか？』（河出書房新社、一九九八年）ではこれに足をとられてしまっているように見えます。この対談では「「なぜ人を殺してはいけないのか」という理由は究極的にはない」とする永井先生の方が、それゆえ逆説的にも「殺すことはない」の側に立ち、逆に小泉先生はひたすら「なぜ人を殺してはいけないのか」の理由を提示しようとしているように読めてしまいます。

実際のところ、立岩さんがしたいこともただ人間の存在、生存の肯定であって、人間と人間ではないものとを区別した上で、前者を後者に対して優先すること、後者を切り捨てることではないはずなのです。「人から生まれるものが人である」という定義ならぬ定義の本旨は、人と人ならぬものを区別し、人ならぬものを配慮の対象から排除するところに力点があるのではなく、配慮に値するものを拾い上げ、肯定するところにあります。つまりは小泉先生の〈生きることはよい〉原則と趣旨においてかわるところはありません。しかしながらそれをもう少し具体的な準則のレベルに落とし込もうとするとき、「そんなものはない」といったんは言い放ったはずの「人間の条件」についてあれこれ言うことがどうしても避けがたくなる。そのような罠に立岩さんも入り込んでしまったのではないでしょうか。

ここで本筋に戻りますと、それでも議論の全体としては立岩さんより小泉先生の方が見通しよくすっきりしています。立岩さんの「人から生まれた」論法に対して小泉先生の場合には、遺伝子操作によって人間が（どういう基準によってかはわからないが）人間とは呼べないような怪物を生み出してしまったり、人間以外の動物や人工知能機械が人間と対話し協働可能な程度の知性を持ってしまったりする可能性を技術的に展望するだけではなく、倫理的にも肯定します。その限りではより明快で一貫しています。

更に小泉先生はこうも書いています。

レヴィナスには、人間のことを神の家畜と考えている節がある。しかも、戦争でユダヤ人は家畜として（家畜のように、ではない）屠られたと考えている節もあるのだ。この凄まじい人間認識を真正面から受け止めるには、『全体性と無限』を、〈繁殖〉で終わるべき書物として読み抜く必要がある。（中略）

とはいえ、人間家畜論についていては、それを聞く耳をもつ人間は少ない。私は、人間家畜論は正しいし、希望を与えるものであるとすら思っているが、そのことを、自分と他人に説得的に示すことのできる議論をまだ組み立ててはいない。

（小泉義之『レヴィナス　何のために生きるのか』ＮＨＫ出版、二〇〇三年、「あとがき」）

ここまで言い切っているのですから、小泉先生の本音は明らかです。先生によれば人間も動物も来るべき怪物も人工知能も、等しく神の家畜なのです。しかし結局現時点でも「そのことを、自分と他人に説得的に示すことのできる議論をまだ組み立ててはいない」。

ただここで「繁殖」というキーワードに少しばかり注目しましょう。エマニュエル・レヴィナスの『全体性と無限』と同様に、立岩さんの『私的所有論』もまた「繁殖」という観点から読み解くことが可能であることは、先に見た人間の定義ならぬ定義からも同様です。「人から生まれる人」、生まれてくる子どももまた他者であるには違いないからです。いっそのこと「子どもこそが他者である」「子どもが他者の基本型である」と言ってしまえれば立岩さんも楽だったのかもしれませんが、そうはしませんでした。

ですがやはり子どもは人であり、他者です。そして優生主義批判とは結局、人が産み育てる子どもを、自分の延長、自分の道具として好き勝手に弄り回すことを否定し、尊厳ある他者として遇すること、に他なりません。だから『私的所有論』においては、子ども、親子関係もまた、重要な主題でした。

しかしながら『私的所有論』という書物の中では他によりクローズアップされていた主題系があり、子どもを産み育てること、という主題はその陰に隠れてしまいました。それは障害者解放運動とフェミニズムとの調停、という主題です。シンガーの批判が深刻な課題となったのも、むしろこの文脈においてでした。

よく知られているように、先のシンガーの議論は、もともとは女性の自己決定権の擁護、その一環としてのリプロダクティヴ・フリーダム、より特定すれば選択的妊娠中絶の権利の擁護のために提示されていたのであり、その論拠をたどると胎児のみならず出生後の嬰児や、重度知的・精神障害者の安楽死の正当化の余地が生じてしまいます。そしてシンガーはその理論的可能性を否定しませんでした。これが障害者解放運動からは優生主義の容認として厳しい批判にさらされます。端的にわかりやすいケースを挙げるならば、シンガーのロジックは、出生前診断によって重篤な障害を負った子どもの出産が予想された場合、母親にはその子どもを産み育てることから生じるであろう負担を理由に、中絶する権利があることを認めます。シンガーによれば、そのことと、既に生まれて生きている障害者の権利を尊重することの間には、矛盾も対立もありません。しかし障害者解放運動の側からすれば、こうした権利の肯定は、「障害を持って生まれることは不幸である」「障害者を産み育てることは負担である」という社会的評価を肯定することであり、障害者を劣位に置くものであり、障害者差別である、ということになります。くどい言い方をすれば、私的な自己決定権の行使としての選択的中絶は、そこで自己完結するから認められる、それが現に生きている障害者の権利を侵害することはない、というのがシンガーの立場で、そうではない、それは外部効果として障害者の権利を脅かす、というのが障害者運動からの批判です。シンガーは、女性の自己決定と、障害者の社会的地位の間に、相互が侵し合わない線引きをすることは可能だ、としているのに対して、「ことはそう簡単ではない」と批判されているのです。

立岩さんはここでの障害者運動の側からの、シンガー的な形でのリプロダクティヴ・フリーダムの肯定論批判の正当性を受け入れつつ、その上でなお中絶の権利を含めた女性の自己決定権の擁護、正当化を果たそうとするものでもありました。「人とは人から生まれるものである」という定義ならぬ定義、線引きならぬ線引きもこのような文脈を念頭に置いたものでした。大まかに言って立岩さんは、障害者を産み育てることのコストを理由としての、中絶や遺伝子診断への圧力が社会的に形成されることを拒絶し、価値規範の上でも経済的にも「障害者を安んじて産み育てられる」ような社会環境を整えることを求めつつも、そのことを理由に、胎児の

「生まれてくる権利」を無条件に優先して女性のリプロダクティヴ・フリーダムを否定することはしません。立岩さんによれば、まだ母胎にあって生まれてこない段階においては、リアルな他者として胎児に向かい合うチャンスがあるのは、子どもが他者として浮上するかしないかのギリギリの臨界に立ち会っているのは、まずもってその母胎の当事者である母親、女性なのであり、他にはいません。立岩さんはこのギリギリのところでリプロダクティヴ・フリーダムを肯定します。

xが存在をし始めたという経験から、私ではないもの、他者が現れることの経験へと移行する、その経過を経験する者がある。つまり当の女性において、人が誕生してくる、私ではない存在が現れてくるということが、自らの内部における経験として存在する。この経験は、他の者の経験とは異なる。この経験における差異を認め、関係の具体性においてその存在に近いところにいて、人の現われを感受しうる女性に、その判断と決定を委ねようとする、あるいは任せるしかないと考える。（『私的所有論』第５章４［３］。三四〇頁）

しかしこの「論証」は成功しているか、と言えば心もとありません。ここで言われているのはせいぜい「仮に胎児を中絶する権利が誰かにあるとしたら、胎児の一番近くにいる母胎であるところの女性である」までです。つまり立岩さんはここで、シンガーが失敗した線引きを、障害者運動をも納得させるような形で引き直せているわけではありません。「仮にそのような線引きを行う権利があるとしたら、当のリプロダクティヴ・フリーダムの主体たる女性たち以外にはない」と言うにとどまっています。意地悪く言えば、決断の負担を女性に押し付けているると言えなくもありません。しかしこれはあくまで仮言命法、条件法であり、前件、「仮に」以下を認めない人にとっては何の意味もありません。立岩さんの理路にとっても、本来ここで最重視されるべきは、芥川龍之介の「河童」におけるような、胎児の「生まれてくる権利／生まれない権利」（のちに見るようにたとえばハンス・ヨナスはその概念に意味はないと断じますが）と考えた方が自然です。

つまりここでの立岩さんの議論は、障害者解放運動と女性の自己決定権の対立を調停し、どちらも納得するであろう合理的な解を与える裁定であるというよりは、究極的には合理的な解を与えることができず、実践的にはその場その場で凌がれ、誤魔化されていくことが延々と続くであろうアポリアに対して、とりあえず提示された妥協のベンチマーク以上のものではない、と考える方が、事の実相にはあっています。「再分配と承認のジレンマ」、あるいは永井先生のいう「マテリアルな闘争とニヒルな闘争の同時遂行の不可避性と、その原理的な両立しがたさ」そのものとして（正確にはこの両立不能の闘争の同時遂行が二つ行われて正面衝突しています）。

すごく意地の悪い言い方をすればこれはまさに先に見た永井―小泉論争における「人を殺してはなぜいけないのか？」問題と似通った構造を持っています。長くなりますが敢えて身も蓋もなく振り返りましょう。別に大概の人は「人を殺したい」などという欲望を積極的に持っているわけではなく、むしろ漠然と「生きることはよい」くらいに思っているはずなのに、諸事情から我々は、「生きることはよい」をより確実に実現するためにどうしても「人を殺してはいけない」という掟を作らざるをえません。しかしそれは副作用として、もともと別に自然でも普通でもなかったはずの「人を殺したい」という欲望をでっちあげ、ある意味煽ってしまいます。ではどうすればよいのか？　普通に行われるのはもちろん、殺人に対して厳罰を与えることによって、人の「生きることはよい」志向に訴えることです。それでおおむねものごとはうまくいくはずなのですが、それでもなお「人を殺したい」欲望を消せない人間というものも（元からいたのか掟に煽られてかはともかく）残ってしまう。それどころか厄介なことに、否定的な「人を殺してはいけない」の掟のより深層に「生きることはよい」原理を嗅ぎ付けて、そのこと自体に反発するやつまで出てくる。「人を殺したい」やつを説得することはできなくとも、罰の恐怖で抑えつけることはできる。しかし「生きることはよい」を認めない奴には説得はおろか脅しも効かない。そうなるともうできることは、「生きることはよい」を認めない奴が極力出てこないような世の中、平和で安楽でなおかつほどほどに活気がある社会を作っておくらいしかない。

リプロダクティヴ・フリーダムを認めつつ、それが障害者の社会的評価の切り下げにつながらないような社会を作る、「障害者を安んじて生み育てられる」ような社会環境を整える、というのもそれと類似した構造を持っています。もちろん「人を殺したい」のレベルで問題となっているのは規範的な権利ではなく、事実的な欲望、性向の問題であり、別に我々は「死刑になってもよい覚悟が決まっている人間には人を殺す権利がある」などと言いたいわけではありません。「死刑になってもよい覚悟が決まっている人間には死刑の脅しが効かない」と言っているわけです。そういう奴に対しては説得も脅しも効かないのだから、力づくで無力化するしかないし、そもそもそんな欲望を持つ奴が出てくる確率が低くなるように社会環境を整えるしかない。それに対してリプロダクティヴ・フリーダムは、もちろん規範的な権利の問題で、それによれば女性は産育をめぐる基本的な自己決定権の主体です。我々が言いたいのは、その権利に正面から直接的に対抗できる別の権利などというものはないのだから、その権利の行使が間接的に生み出すかもしれない望ましからざる効果（つまりは障害者の社会的地位への悪影響）を抑えるには、「障害者を安んじて生み育てられる」ような社会環境を整える、という間接的な搦め手でいくしかない、ということです。ただ立岩さんは、これが搦め手であることを明言していないのではないでしょうか。

同じことは（あるいは逆のことが）動物倫理についても言えます。立岩さんは動物解放思想をあっさりと切り捨てているのですが、そうではなく、突き詰めれば互いに衝突せざるを得ないフェミニズム、リプロダクティヴ・フリーダムと障害者解放思想のどちらの正当性も共に認めざるをえなかったように、ヒューマニズムと反人間中心主義双方の正当性をどちらも認めてしまうべきだったのです。どちらも認めた上で、その両立不可能性について悩むべきだったのです。

繁殖、子育て、将来世代という他者との関係、といった主題系は立岩さんも小泉先生も十分に掘り下げていないものですが、そこでおそらく重要なことは、現在生きている者たちから、将来到来する子ども、次世代への価値の継承、という問題の追究です。立岩さんの場合には、子どもに対する一方的介入としての優生学批判、といった論法に見られるごとく、子どもという他者の尊厳の尊重のために、向かい合いつつも介入を抑制する禁欲主義、謙抑性が前面に出ていました。しかしながら実際には、小泉先生がレヴィナスを引きつつ「繁殖」という主題を前面に出したように、ここには大きなものが賭けられています。

立岩さんの場合には他者に臨む際の謙抑性が強調されました。すなわち、他者に潜在する価値への感受性に力点が置かれる一方で、主体の側からの他者への価値の提示――主体の側からの他者への評価、主体の持つ価値物の他者への贈与――という契機は掘り下げられていません。しかしながらことに子ども、次世代が問題とされる時には、我々はそのような他者に対する、権力行使と裏腹で不可分の、しばしば無償でなされる贈与の持つ意味について考えねばならないはずです。端的に言えば、我々は子どもに（少なくとも自分にとって、しかしおそらくは客観的に）価値があると思うから子どもを作り、子どもにとって価値があるものを（何よりも誕生それ自体を）贈るのです。もちろん立岩さんは優生学批判を通じて、このような発想の危険性を指摘します。子どもは親の、先行世代の、既存の社会の過剰な期待から自由であるべきで、先行世代による次世代への拘束、価値の押しつけは、不可避であるからこそ抑制されるべきだ、というその趣旨は正当です。しかしその一方で、親の側、先行世代の側にとって子ども、次世代が何らかの意味で価値があるものでなければ、そもそも人は子どもを作り、次世代のために何かを遺したりはしないでしょう。この折り合いをどうつけるのか、ということです。

もちろんここで、世代間で継承されるべきは、ミクロ的で私的な価値ではなく、マクロ的かつ公共的な価値（マルクス風に言えば「類的価値」?）なのだ、と言ってこの問題をすり抜けようという考え方もあるでしょう。世代間倫理の先駆的業績としてしばしば参照されるハンス・ヨナス『責任という倫理』（東信堂、二〇〇〇年）の考え方によれば、人は総体としての将来世代に、あるいは人類の存続というプロジェクトに対して貢献する責任がありますが、将来生まれてくるであろう個々人に対しての責任は一切持ちません。反射的に、人類は存続しなければならないとしても、個人レベルでいえば、どの個人も、生まれる前から特段の配慮を受ける権利、それどころかそもそも生まれてくる権利などというものは持ちません。「個人」と「人類」をこうやってきれいに区別し、切断できるのであればたしかに問題は少ないでしょう。人が責任をもって配慮しなければいけない対象は、現に具体的に存在している人類というプロジェクトと、現に具体的に存在している個々人だけであり、個々人の誕生それ自体には責任はない。ただどうやってか生まれてきた個人を他者として尊重すればよい、というわけです。

ヨナスは他方で、世代間倫理、将来世代に対する責任の原型を親子関係、親の子どもに対する責任に求めていますが、ミクロ的に見たとき子どもの存在、出生それ自体が親の意思次第となりうることと、将来世代の運命が現在世代の意思や振る舞いに左右されることとの異同を必ずしも突き詰めてはいません。いまだ存在しないがゆえに、その存在自体が現在世代に依存しているがゆえに、将来世代は現在世代に対して何もすることができない、という事実が、人類レベルではまさに、現在世代の将来世代に対する、そして人類の存続に対する、一方的で絶対的な責任の根拠とされる一方で、親の子に対する責任はそうではありません。親の子どもに対する責任の絶対性は、あくまで出生以降、せいぜい受胎以降に限定されてしまいます。この非一貫性を解くひとつの方法は、いまだ存在していない将来世代への、（現に存在する）現在世代の責任などというものは実はなく、現在世代が有しているのは、現存する「人類の存続」という理念、プロジェクトに対する責任であって、そこに将来世代の存在も含意されている、という解釈です。

このように人類全体の存続というレベルと、個人の生というレベルを区別することができるのであれば、世代を通じて継承されるべき、先行世代から後続世代に対して強制されかつ贈与される価値というものを前者のレベル、公的なレベルで想定し、またそれへの義務を個人に対して課しつつも、それが直接的には、個人間のレベルでの責任の押し付けを生まないことが、理論的には可能だということになるでしょう。

しかしながら、自然環境の維持だとか、公的インフラストラクチャーの維持だとかという風に、とりあえず特定の個人の生き死にとは区別可能な水準での「人類の存続」に貢献するあれこれの事業というものはたしかに考えられ、そうしたプロジェクトに対する義務のあるなしは議論できるとしても、人口についてはそのようには考えられません。もちろん制度設計や政策的誘導によって人々の生殖行動に対して、特定の個人にというよりは一般的なレベルではたらきかけることはできます。しかしそのミクロ的な現場においては、生殖は、つまりは妊娠、出産、養育は当面、個々人のレベルで行われるのであって、昔のＳＦに描かれたように、すべての子どもが試験管ベビーとして公的な胎児工場から出荷されるようになるのでもない限り、個人の誕生を私生活から切断することはできません。となれば人類の存続という公的な価値の実現と私的なレベルにおける子どもを産み育てることについて、もう少し真剣に接続の回路を探究すべきでしょう。しかしこのような問題についてヨナスは、語るべきことを残してはいません。

そして立岩さんもまた、逆方向においてでありますが、このような問題に対して態度を明らかにしていません。そもそも彼の他者論のモチーフは、従来の社会主義を含めた左翼のように、格差や不平等の批判と人々の間の水平的な連帯の肯定を、国家であろうと人類全体であろうと、個人を超える集団、共同体を想定して、そこから人々の間の平等を「同じ共同体に属する仲間として同格」という風に行うやり方を拒む、というところにありました。通常のリベラリズムと同じく、社会という実体を先取り的に想定せず、あくまでも社会を個人の集団と見なしつつ、そこでの格差・不平等を批判し、そこから零れ落ちる者を救いとる、というのがその目指すところでした。民族であれ国家であれ人類全体であれ、何らかの超個人的な共同体に対してではなく、あくまでも具体的な個人に照準を合わせることが立岩さんのスタンスでした。公共的な水準などというものはない、というのではありません。しかし公共的な水準の存在、制度や設備といったものはあくまでも道具であってそれ自体に内在的な価値はなく、内在的な価値の担い手はあくまでも具体的に生きている個体としての人間である、というわけです。

それでも立岩さんの場合には「人から生まれてくるものが人である」という循環によって、暗黙の裡に世代間での類的価値の最低限の共有が先取りされている、と言えなくもありません。むろんそのことによって問題は、解決されるというよりは真に対峙することが回避されているというべきなのでしょうが。翻って小泉先生の場合には、このようにして立岩さんが距離をとろうと苦心した、子どもを尊重すべき他者の典型と見なすような「生殖未来主義」はより意識的に批判されています（小泉「類として人間の生殖――婚姻と子供の聖化について」『災厄と性愛　小泉義之政治論集成I』月曜社、二〇二一年、所収）。小泉先生の立場では人が人ならざるものを作ることは原則的に肯定され、来るべき怪物たちによる新たな価値創造が期待されており、積極的な価値の共有・継承は前向きに放棄されている、と読むことができます（前掲『生殖の哲学』）。ただ我々はどこまでこの「価値の共有・継承の放棄」に耐えながら子どもを、次世代を作れるのか、について小泉先生は無頓着に過ぎる、と考えます。たとえばニック・ボストロムはもう少し具体的に進化論的考察を踏まえて、現存人類が、我々現存人類の価値を共有しないライバルに圧倒される可能性について考察しています（Bostrom, Nick. "The Future of Human Evolution." in *Death and Anti-Death: Two Hundred Years After Kant, Fifty Years After Turing*, edited by Charles Tandy. Ria University Press, 2004.）。これをパラフレーズすればこういうことです――たとえば文化や芸術を発展させる能力は、生存や繁殖に役立つ能力・性質の副産物であり、またそうした能力・性質をもっているというシグナル、「セックス・アピール」として機能していたのではないか、と思われるが、別の仕方でより強い「セックス・アピール」を発揮する変異型が出現すれば、こうした能力は自然選択の過程で淘汰されてしまうのではないか？　極端に言えば「意識」さえも競争に負けて消滅してしまう可能性はないのか？　小泉先生はそのような可能性をも肯定できるのでしょうか。

もっと極端にわかりやすく事例化しましょう。このあたりはシンガーやボストロムの影響下で発展しつつある「長期主義」の主題ということになりますが、多くの人はごく直観的には、たとえば、人類の直接的な遺伝的子孫であるが、我々のような価値観、感性を持たない、それどころか思考や意識さえ持たないような生物と、人工物由来の人工知能機械だが、我々の知的遺産を継承し、科学的探究や芸術制作を行い、なおかつそれを自分たちでも楽しむような存在との両方を前にしたとき、前者よりも後者に対してより共感を抱き、後者の方を人類の継承者、広い意味での同胞とみなす可能性が高いでしょう。しかしそのような性向をどうやって道徳的に正当化できるのか？　は相当に複雑な課題です。そしてこの課題には小泉先生はともかく、立岩さんは手も足も出なかったでしょう――彼の立場からすれば“It's not my business.”で済むと言えばまあ、それまでですが。

第2部 『私的所有論』を読み返して

小泉義之

小泉義之

はじめに

立岩さんと初めてお会いした、というか、初めてお見かけしたのは、一九九〇年代初めのいつか、現代倫理学研究会(当時は大庭健・川本隆史の主宰)においてでした。大澤真幸か誰か社会学者の本の合評会だったかと思います。立岩さんは例のごとく、当時もひたすらパソコンを打っていました。なお、私は、立岩さんたちが編集した『生の技法』、一九九〇年に出た本ですが、それで初めて立岩真也の名を意識したかと思います。実は、その後すぐに、哲学の論文で『生の技法』の一部を引用して活用したこともあります。

その後、初めてお会いするのは、先端研開設の前年ですから、二〇〇二年のことになります。以来、先端研での同僚として二〇年ほど仕事をしてきたことになります。研究学問においてともにやってきたというよりは、大学院教育においてともにやってきたということになります。その限りでいろいろ思い出されることはありますが、今日は研究学問に関して、立岩さん自身にはあまり話せてこなかったことを、少し述べてみようと思います。なお、私は、二〇二〇年に定年退職し、その後は教授会などにも出ない特任教授というものに就いており、その頃からの立岩さんの具合についてほとんど知りませんでした。彼自身も研究科内では話すのを控えていたようでもあり、私もまた突然という感じを抱かざるをえませんでした。

ともかく今日は、立岩さんの最初の単著であり大著である『私的所有論』について、立岩さんが自ら課題としていたこと、あるいは、課題とされるだろうことにも触れながら、その書物の受け止め方について大まかなお話をしたいと思います。

根底的な問いと隘路

最初に、その研究の動機といったことについて書かれている箇所を引用します。生活書院の第２版から引きます。

「私が私の働きの結果を私のものにする。」それでよいのか。同時に、そこから私達は抜けられるのか。頭がわるい。体がわるい。それでできない。そのことで不当な不利益を受けていると言う人がいる。実際このようにこの社会は構成されているのだから、これは全く正当な指摘であり、この社会の構成の基本的なところを問題にしたのだから、根底的な指摘だった。

しかし、その提起は結局どうなったのか。それは、根底的であるがゆえに、行く場の見つけにくい提起でもあった。これは全く時代から取り残されたような、しかし実はそんなに古くはなく、この国では一九七〇年頃に示された問いであり、その時から既にどこにも行き着かないような問いとして示された。私は、このように発せられた不活性な問いを、近くにいて聞く側にいた。けれども、その行き着かなさが不満だったから、考えることにした。もう一つの話は、結局いろいろやってみてわかったように「市場経済」で行くしかないのだし、行くのがよいのだし、そこにまずいところがあれば、「福祉国家」か何か、手を打てばよろしい、このように終わる。しかし、それで終わっているのか。なにごともなく平穏無事だという安穏な主張を受け入れない。しかし、言い放しの批判にも与することができない。「能力主義」「業績原理」が問題だとしてそれを一体廃棄することができるのか。そしてどんな代替案があるのか。

(二七―二八頁)

「一九七〇年頃に示された問い」が探求の動機になったとされています。その問いは、ご存じのように、青い芝の会などの障害者運動が提起していた問い、提起していたと受け止められていた問いです。その問いを、「近くにいて聞く側にいた」と書かれています。彼の経歴と年齢から察するに、これは主として、障害者の「普通」学校への就学闘争、養護学校義務化反対闘争の「近く」にいたことを指しているでしょう。なお、ここで言い添えておきますと、立岩さんは、それ以後の学校や教育については実はあまり書いてはいないように見えました。能力主義批判がそれにあたるとは言えますが、その一方で能力主義の全面否定を行ったわけではないので、そのあたりどう考えていたのかを直接に尋ねてみたかったのですが、もう手遅れです。引用に戻ります。

その問いは、一方では、「社会の構成の基本的なところを問題にした」、「根底的」な問題提起でした。しかし（と言っておきますが）、他方では、「どこにも行き着かないような」問い、その限りで「不活性な」問いであると言われています。実は、このように一九七〇年頃に提起されたラディカルな問題提起を受け止めるということ、まさにそのようなことが立岩さんの独自性であったと言えますし、そうであったからこそ、一方では、その問いの「不活性」を気にしない側からも、他方では、その問いのラディカルさを気にしない側からも、理解されてこなかったところであるかと思います。別の言い方をするなら、立岩さんのその後の仕事を支持し共感する多くの人々も、とくに『私的所有論』に関心を抱かなかったし、実は抱く必要もなかったことの理由になってきたかと思います。

もう少し極端にして言ってみます。一九七〇年代に起こったさまざまな闘争や運動、それは「新しい社会運動」として後に括られる異議申し立ての活動だったわけですが、それを担ったり協同したりしてきた活動家や知識人は、時代の変化もあり、多かれ少なかれ、大なり小なり変化を遂げてきました。それは妥協であったり転身であったり、こういう言い方でどう受け止められるか心もとないのですが、転向であったりしました。そして、この『私的所有論』はそのような変化を受け止めて書かれた書物です。転向文学の学術版と言ってもよいかと思います。ただし、ルサンチマンやロマンチシズム抜きに、その限りで淡々と、また、「真っ直ぐに」書かれた書物です。そうであるがために、多かれ少なかれそれぞれの変化を遂げてきた活動家や知識人にとっては、とりわけ同世代以上の人々にとっては受け止め方の難しいものであったかと思います。その一方で、単なる知識情報として一九七〇年代のことを知っている後の世代の人々にとってもそうであったかと思います。

それはさておき、先端研の最初の頃、立岩さんは、「理論的」な論文を書く院生が出てくることを期待していました。そうは言っていませんでしたが、『私的所有論』を、また『自由の平等』を引き継ぎ乗り越えるようなものを期待していたと思うのですが、結局のところ、彼が担当した多くの院生からそのような人は一人も出てきませんでした。それは外の他の大学院においても同様であると言えるかと思います。その点で彼は孤独であったと言えると思います。そして、そのことにはそれこそ「理論的」な理由があるのではないかと私は思っています。

しかし、その点は別とするなら、この引用を見てもわかるように、『私的所有論』本体で論じられるテーマそのものは「理論的」にも学界的にも馴染みのあることばかりです。それは、労働と賃金、非労働（働かないこと、働けないこと）と不利益、市場経済、福祉国家、能力主義・業績原理です。ここではあげられていませんが、生命倫理・医療倫理です。これらのテーマは大いに論じられていましたし、いまでも大いに論じられています。山ほどあります。そして立岩さんも、そうしたテーマに特に傾注することはなくなるのですが、その多くの仕事はそこに位置づけられるものとなります。そして、その過程で多くの支持と共感を得てきました。そこは皆さんもご存じの通りです。しかし、繰り返すなら、今日は彼の研究の動機、いわば彼の初心に注意を向けているわけです。関連して、『私的所有論』の最後のほうから一箇所引いておきます。

真面目に考える人は、考えてしまった人は必ずこのような場に辿りつく。それは、第2章2節で見た言説のような信仰告白、あるいは同語反復をそのまま受け入れてこと足れてしまうよりは〔……〕よほどものを考えている。その生真面目さは滑稽であるかもしれないが、それでも能天気な現状の肯定に較べていくらかもましだったと思う。私は思考を徹底させて隘路に入ってしまった思考の方を支持する。／しかし、問題とされたことの少なくとも一部について、この誠実な思考を実際の動きがさらに裏切ってきたと、私は考える。（五〇五頁）

少なくともいくつかの場面で、先の批判が辿りついた隘路を抜けてきたことがわかる。行ったことは、否定することではなくて、少し違う行いをすることだった。そのことによって円環として閉じられているかに見えるものを解くことである。全面的に否定することではなく、少し、微妙なものになる。しかしそれは、考えるところ唯一の道なのである。　　（五〇六頁）

ここはわかり難い書かれ方になっています。ちなみに、私は、世評よく言われるのと違って、立岩さんの文章は読み難いとも変だとも思ったことがありません。思ったことはないのですが、ここは読み難い。本人に読み方を尋ねてみたいと思わせるところです。

先の問いを問うことは、「生真面目」で「滑稽」であり「徹底」してはいるけど、「隘路」に入ると言われています。その隘路に入ったこととの関係はわからないのですが、その問題提起の「一部」は、「実際の動き」によって裏切られたと書かれています。誠実に思考し、もっと言ってしまえば、誠実に活動してきたそのことがまさにそれがために裏切られた、あるいは、もっと言ってしまえば、その誠実さが裏切りを生み出さざるをえなかったとさえ示唆しているように見えます。ただし、ほかの一部では、「隘路」から抜け出されたと書いています。それまでの活動と少し違う活動をすることによって、閉じ込められた円環を解くことができたと書かれています。果たして、それぞれがどのようなことであるのか、それとして読み取れる記述は『私的所有論』にはないように思われます。

ここについては大雑把で乱暴なコメントを述べるだけにします。一般に、社会運動であれ革命運動であれ、それがラディカルであればあるだけ、それを裏切るようなことが出てくる一方で、外見的には運動が敗北したように見えてもしかし実はそのことで逆説的に勝利するともいえる面が必ず生まれてきます。そのことを言っているのだと思います。

いずれにせよ、『私的所有論』を精確に読んでその課題を引き継ぐとするなら、前記の点を踏まえなければならないと述べておきたいと思います。いや、それはもはや余計なことかもしれません。そこもさておき、以下、いくつかバラバラに述べてみたいと思います。

感覚＝倫理＝論理

『私的所有論』では、いくつかの重要な箇所で「感覚」という言葉が持ち出されています。いわば「根拠」として自らの「感覚」を持ち出すといった具合になっています。例えば、「安楽死」「尊厳死」を論ずる過程で、自己決定そのものについては肯定するにしても、自己決定で全てを済ませられないという「感覚」がある、それ故に「安楽死」「尊厳死」に対する疑念が消えない、とした上で、次のように書かれます。

私は肯定と疑問のどちらも本当のことだと感じている。引き裂かれているように思われる（とりあえず私の）立場は、実は一貫しているはずだと感じる。両方を成り立たせるような感覚があるはずである。その者のもとに置かれることには同意するが、譲渡（特に売買、そして「再分配」を含む）を全面的に肯定することはできないものがある。〔……〕このことをどのように言うか。あまり複雑なことを私達は考えられない。明確な言葉で表現されていないとしても、それはそれなりに単純なもののはずだ。（三一頁）

自己決定については、何でも自分で決定して済ませうることばかりではない。医療で生死が問題になるような場合において、例えば、自分の身体も生命も「自分のもの」であるから、言いかえるなら、自分の所有物であるから自分は自由にそれを処分したり譲渡したりできるのであるといった論法に対して、いやいやそれはどこか疑わしい、立岩さんはそのような表現は使いませんが、どこか不自然であり自然に反している、だから自己決定の範囲にはおのずから限界があるのだし、あるべきであるのだというわけです。そのとき、その「自分のもの」とされるものは、これも『私的所有論』を通してさまざまに言いかえられるのですが、「その者のもとに置かれるもの」などと言われるわけです。そして、それは自己決定が触れるべきではないもの、私のであれ他人のであれ、自己が自由に取ったり奪ったりするべきものではないと言われるわけです。いや、そうではありませんでした。それほど単純には終えていません。次の箇所を見てください。

その人が作り出し制御するものではなく、その人のもとに在るもの、その人が在ることを、奪うことはしない、奪ってはならないと考えているのではない。（一九〇頁）

では、何だと言うのか。

人は、他者が存在することを認めたいのだと、他者をできる限り決定しない方が私にとってよいのだという感覚を持っているのだと考えたらどうか。（一九一頁）

確かなのは、他者を意のままにすることを欲望しながらも、他者性の破壊を抑制しようとする感覚があることである。（一九三頁）

ここで「感覚」は微妙にその機能を変えていますし、「その者のもとに置かれるもの」といったものが、他者の他者性に言いかえられもしていますが、そこはいまは措きます。ともかく、立岩さんは、彼一流の言い方でもって、以上のようなことを複雑なことではないし、単純なことのはずであると形容しています。たしかにそれは単純なことですが、しかし、これは『私的所有論』を通してあらためて検討しなければなりませんが、その単純な「感覚」でもって、複数のテーマを通して単純に話が整合しているかどうかはやや疑念があると申しておきます。そうではあるのですが、そのような「感覚」、たぶんそれなりに多くの人に成立しているであろうような「感覚」、それを出発点として論を立てようとすることは意義のあることであるとも申しておきます。その次第は、こんな風にも書かれています。

私(達)がどこかで有している感覚を取り出したいと思う。　（三二頁）

この感覚、それは道徳感情、道徳的直観と言ってもよいはずです。「かなり基本的な感覚、倫理」（二〇六頁）という措辞も見られます。そのような感覚について、そこには何らかの「論理」があると主張されます。もっと言うなら、その論理は、社会の構成原理をなしているとも見通されているかと思います。しかし、こう付け加えられます。

感覚は論理的である。感覚は論理を備えているのだが、その感覚＝論理が、近代社会にあると公称されるものによって隠され、うまく記述されていないのだと思う。（四九頁）

こう言いかえてみます。おそらく立岩さんは全面的には認められないと、言いかえるなら半ばは認められると言ったであろうかと勝手に推察しますが、この感覚＝倫理＝論理は、近代社会の「公的」な感覚＝倫理＝論理によって覆い隠されています。もっと言いかえるなら、その感覚＝倫理＝論理は、近代社会以前においても、近代社会以前の感覚＝倫理＝論理によって覆い隠されていたことです。例えば、慈善救済によって覆い隠されていたことです。そして、福祉国家・福祉社会の感覚＝倫理＝論理によって覆い隠されていることです。ですから、突拍子もないことに聞こえるでしょうが、『私的所有論』の各テーマにおいて繰り出される感覚＝倫理＝論理は、過去の学問の呼称ではなく、現在の学問の呼称を用いるならば、人類学的に、歴史人類学的に語られることでもあるかと思います。結論にあたる部分を引いておきます。

とすれば、第一の原理として「〈他者〉が在ることの受容」を立ててよいのだと考える。これは、作為・制御→取得という考え方（第2章2節）と全く別の、逆の考え方である。所有に関わる近代社会の基本的な図式が裏返されている。いかにも怪しげなものに思われる。しかし論理を辿っていけば、このようにしか考えることができない。このような感覚は、私達の社会にあっては一般的に言語化されていないから、議論は、しばしばこれを通り越し、例えば○○は不平等を惹起してしまうといった理由付けの方に流れていく（第3章）。しかし、不平等それ自体が最初の問題ではないことは既に述べた。それらの主張を検討する中で以上のような回答が与えられたのである。（二〇四頁）

ここでひと言だけ申し添えますと、例えば「〈他者〉が在ることの受容」といった言葉が、それだけで受け止められ、それこそ感情＝倫理をもっと受け止められてきたかと思いますが、『私的所有論』はそのことを社会の論理として、社会の構成原理として考えるものでした。しかし、そこは切実な課題として受け止められてはこなかったように思われます。

「労働」「所有」「能力主義」

さて、『私的所有論』で最も言及されたところは、実は生命倫理・医療倫理に関わるテーマではなく、労働や生産に関わるテーマでした。そこでの立岩さんの「感覚」、直観は、働けない人間、働かない人間、あるいはまた、生産できない人間、生産しない人間が、そのことを根拠や理由として、生きていけないのは、食べていけないのは、そもそも何か生産物を所有できないようになっているのは根本的に間違っているということでした。その際、もちろん立岩さんは、働けず生産できない人間として、その典型として、身体に障害のある人間を念頭に置いていました。

『私的所有論』はそのことを言うために、論証するために、労働、生産、所有、分配などに関する近代社会の諸原則、例えば、「私の作ったものが私のものになるべきだ」という「信念」「信仰」（六六頁）を否定していきます。これはよく知られたところですので、何箇所か見ておくだけにします。

財・行為の所有・処分に対する権限の割り当ての規則〔……〕は──その内容はともかく、規則自体は──かなり普遍的に、どの社会にもあると考えてよいだろう。規則は論理の上ではいくらでも考えられる。〔……〕ここで問題にするのは、その近代的な規範、そしてそれを導き出す論理である。近代社会には近代社会特有の割り当ての規範がある。この配分の原理はどのようなものか、それがどのように根拠づけられているのかが問題である。（六九頁）

そこを論ずる過程で、立岩さんは、通例援用されている議論では足りないのだと主張しています。いくつかの論点があるのですが、例えば、こうです。

「働く者の権利」をまず言う意義があるのだが、それには限界があって、「働けない者」の権利も付加する、といった言い方が私にはわからない。前者と後者は、基本的に、どういう関係にあるのか。こうしたことを明らかにしたいと思っている。（一一九頁）

働けない者の「権利」、例えば「生存権」、「幸福追求権」、そんな権利があるから働けない者にも再分配をといった議論、これでは足りないというのです。もちろん近代社会の規範を全否定するわけではないので、権利論的な請求を全否定するわけではないのですが、それだけでは何かが足りないというのです。また、例えば、こうです。

生産を欲しているのは社会であり、負の生産を欲していないのは社会なのだが、社会とは私達のことだ。つまり、これは私達の問題である。能力主義に加担しているのは、私達（も）ではないか。このようにして問いは私達にかかる。そこで、ある者達は自ら否定の行い、別の原理による行いを実際に行い、そして続ける。〔……〕労働の場以外の場、その周辺でそこにつながる場、教育、医療、福祉といった場で能力主義の否定は語られ、行われようとする。あるいは、批判が語られた場が労働の場ではなく教育や医療の場だったことによって、その批判の対象が意識や価値に向かったのだとも言えるだろう。（四九一頁）

そして、立岩さんは、こう続けています。能力主義による差別に代わって「共生」と言われる。しかし、それは「局所」で実現されることであって、生活の場を別に移せば通用しなくなる。「疚しい気持ち」になる。「湿気っていて、からっとしたものではない」（四九二頁）、とです。だから、能力主義批判だけでは何かが足りないのです。

おわりに

時間がないことを言い訳にして、ここからは私の推測を交えた要点を簡潔に述べるだけで終えたいと思いますが、私の見るところ、立岩さんの直観の核心は、社会の生産物に不足や欠如はないということ、少なくとも全員が食って生きていけるだけのものは常に生産されているということ、生産は常に必ず過剰生産、余剰の生産であるということ、そうでなければ人間の社会は存立しえないということにあったと思います。そのように見立てることができると思います。その上で、これは立岩さんはおそらくは気にしていたことかと思いますが、働けない人間、働かない人間、生産できない人間、生産しない人間の典型は、まずは、歴史的には、そして近現代においても、子どもであり老人であるということです。子どもと老人に再分配するようにそのように生産は組織され配分されてきたと言えるかと思います。そのとき家族の位置、社会における家族の位置が重要になってきます。そしてまた、とりわけ近現代において家族の機能が批判ないし解体され、例えば宗教施設から慈善救済の機能が国家に移譲されてきた過程が重要になってきます。要するに、乱暴に言ってしまうなら、人間の社会は、そもそも働けない人間、生産できない人間に再分配しなければ成立しないようになっているのです。

もとより、こう述べただけでは全く足りません。しかし、立岩さんが、一つには「経済単位として家族があることの意義」（一二二頁）について、もう一つには、「脱施設化について私達は一定のことを知っているが、施設（化）の歴史のことはほとんど知らない。検証の作業が必要である」（四三七頁）として二つの課題を残していたとき、感覚＝倫理＝論理に、さらに等号を続けて＝歴史を探求しようとしていたのだと推測しております。

他にも、立岩さんが課題としていたこと、そして課題として残していたことがあります。それらを引き継ぐことが依然として大切なことであると思っております。

第3部　鼎談　いま立岩真也を読む

稲葉振一郎×小泉義之×岸政彦

岸　それでは私も立岩さんとの出会いみたいな話をしますと、九〇年代に社会学に入った者にとって、その中心は東京大学の本郷、つまり先ほども話に出た社会学研究科だったんです。私がその東大の社会学研究科が発刊している雑誌『ソシオロゴス』に初めて投稿したのは、一九九四年だった。「規則と行為――エスノメソドロジー批判の新しい視点」というもので、いま考えると大変恥ずかしいタイトルの論文ですが……。とにかく憧れの雑誌でしたね。橋爪大三郎さん、大澤真幸さん、宮台真司さんが華々しく出てきた頃だと思います。その後に北田暁大さんの流れが出てきますね。その中に一人すごく変な人がいて、それが立岩真也という人でした。

東大・本郷といえば「社会とは何か」「社会システム論の教えによれば……」といった感じの議論が主流だったのですが、立岩さんは障害や病気など具体的な問題にコミットして研究している。それがすごくかっこよかったんです。『私的所有論』の初版を当時読んだのですが、最初に出てくる図で挫折しています。これほど「何を意味しているのか分からない図」を見たのも初めてで、衝撃的でした。

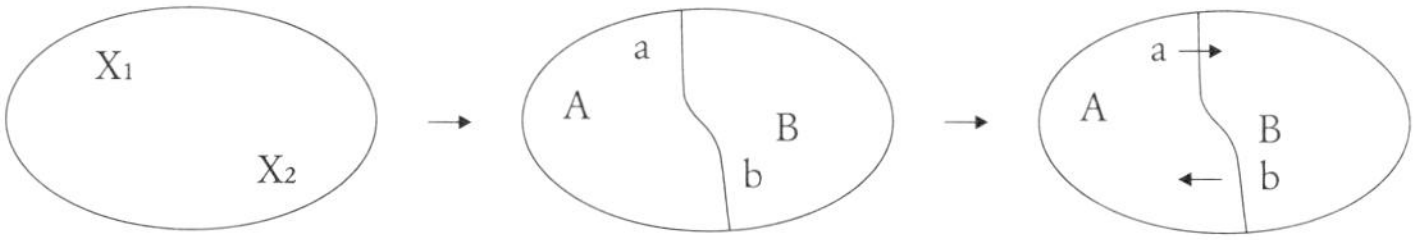

『私的所有論』の最初に出てくる図

立岩さんは『ソシオロゴス』の編集委員長だったらしい。私も修士課程は理論的な研究をしていましたが、博士課程で調査に入りました。それからかなり時間が経ったあと、二〇一五年か一六年に立岩さんとお会いする機会があり、『断片的なものの社会学』（朝日出版社、二〇一五年）を読んで褒めてくださりました。あの飄々とした感じで、「僕は本は最後まで読んだことないんだけど、岸さんの本は最後まで読んだよ」と、微妙な褒め方だったんですが（笑）。私としてはめちゃくちゃ嬉しかったんですけれど。後に立岩さんからメールが来て、「うち（＝先端研）に来ませんか？」と言われて、二つ返事で「行きます！」と返事をした。私の憧れの人である、立岩さんと一緒に仕事ができるなら、と思ったんです。

私は自分の研究として、沖縄の調査を長らくやってきました。立岩さんの仕事に引き付けると、「自己決定権」と言いますか、沖縄の戦後の歴史のなかで、人びとが何かを決定する、何かを選択するということはどういうことかを考えてきました。さらに、そのことを調査を通じて書くわけですから、他者の決定を私たちが理解するということはどういうことかを、自分なりにすごく考えています。もう一つは当事者性ですね。ナイチャー（内地人）が沖縄で調査するとはどういうことか。でも、他方で同時に、当事者だったら逆に何を調べてもいいというものでもないわけです。打越正行さんみたいな人が出てきたのは、私の大きな希望だった。あれだけの調査をやればナイチャーにも書けることがあるんだなと。でもそれは逆に言うと、「あれだけやらないと書けないんだな」というのが、突きつけられるところでもありました。

まず「自己決定権」の問題について、私のフィールドで引き受けながら考えると、たとえば、辺野古の集落が米軍の新基地建設を受け入れている。「受け入れる」というのは、その人びとの自己決定なわけですよね。「民族自決」とよく言いますが、地元の人びとが基地を受け入れるという決定をしたときに、もちろんそのことも尊重されるべきなんだけれど、そうするといろいろと難しいことになる。

長年辺野古でフィールドワークをしている熊本博之さんの調査によると、「受け入れる」という決定が出てくるまでにものすごい紆余曲折があるわけです。しかしながら「受け入れる」という決定だけ見てしまうと、「地元が受け入れてるから基地を作ってもいいんだ」という言説に一気に縮減してしまう。ここに収斂させて語ることの権力性や暴力性も感じますが、一方で沖縄の選挙で言うと、歴代の知事も半分くらい保守派で、市町村レベルで言うとリベラルはずっと負け続けている。こういう決定もやはり沖縄の決定なんじゃないかと思います。一方で、このように言うと、それはそれで基地建設をすべて肯定してしまうような保守的な議論となってしまう。ナイチャーのリベラルが、「沖縄が基地を受け入れる」という決定に対してどういう態度で向き合ったらよいのか未だに分からない。

ここで『私的所有論』に照らし合わせると、最初にいくつか問いが書いてあります。例えば、一人の健康人の臓器を二人の病気の人に移植するとする。すると一人死ぬんだけれど、二人助かる場合がある。こうした状況の前で、本人が「臓器を譲渡していい」と言って、譲渡しようとしても認められないだろう、と。あるいは、代理出産を例にとると、産む人が「代理で出産していい」と言っても、それは駄目なのではないかという感覚が残る。人工妊娠中絶の問題もあります。女性の権利として「人工妊娠中絶を擁護するべきだ」と思うんですが、一方で出生前診断の結果によって障害者を殺すことになった場合どうするのか。自己決定はこれまでずっと踏みにじられてきて、守られてこなかった。「自己決定を守りましょう」としたときに、他ならぬその自己決定で矛盾するようなことが起こった場合、批判するロジックがない。『私的所有論』は、そのロジックをなんとかして作ろうとした本なんだと思います。

フィールドワークに行って出逢った人びとの決定は一体どういうものなのだろうと考えることと、パラレルなことを立岩さんは考えてきたんだろうというところに感動して読んできたんです。ただ、問いにきちんと答えているのかどうかは分からない。私自身は取って付けた答えを出すより、そこに至るまでのぐちゃぐちゃしたものを書かれるところが立岩さんの場合は好きなんですけれどね。自分が論文指導しているときは、院生さんに「ちゃんと答えを出すように」と言う一方で、答えのないところに突っ込んでいくところも憧れるところではありました。それは私にとっては稲葉さんと小泉さんも同じです。

ここからお二人に質問していきたいです。特に小泉さんが、『私的所有論』を「転向文学の学術版」と言われた時、「ああ、なるほどな」と思ったんです。そして立岩さんのスタイルは、一つの基準でドンと通すというわけではないですが、それに代わるものも簡単に見つからない。そこで社民的な折衷主義になるというご指摘は、説得的で分かるわけです。「自己決定権を尊重しましょう」という一本のロジックでは駄目で、そこに他者論を持ってきたわけですよね。その決定は誰かのものかもしれないということと、他者にも自己決定権があるかもしれないということを考えれば、『私的所有論』の最初の矛盾が解けるという展開になっている。そう考えていくと、人工妊娠中絶をめぐる女性の権利と障害者の権利を両立させるという、自己決定や所有のアポリアが、他者を持ち出すことによって解決されるのか、というところに疑問が出てきます。この点は評価が難しいところだと思いますが、お二人にお伺いしたい。

それに関連して、立岩さんが他者を持ってくる時、最後にエモくなると思うんですよ（笑）。すると、端的に他者と共生して尊重しましょうというある意味で緩い話と、どこが違うんだろうという感じにどうしても思えてくる。小泉さんも先ほど、感覚=論理を基盤にしていたとすればそれでいいのかという話と、それもそれで意義があるという話を両方コメントされていました。確かに立岩さんは、感覚は論理的だ、といったことを突然書かれるんですよね。私からすれば、こういう感覚を持っていない人もいるんじゃないかと思ってしまうのですが。稲葉さんの言い方ですと、共同体論的な他者ではないところで他者論を作ろうとしたということですが、そのあたりの議論は密輸されているようにも思います。つまり、他者の概念がこれでいいのかということが不安です。

『良い死／唯の生』は二つの本が合本されて一冊になっているのですが、「安楽死はいけない」という話で五〇〇ページくらい書いている。ここで引用します。「世界の方が常に私よりも大きいし豊かである。だから、それを享受することの方がより大きくよいことだと考えるのが当然であると考える。そしてその世界は私の身体の内部でもあり、その世界の感受とは、身体の内部がいくらか暖かい感覚であったり、液体が体を通っていく感触であったり、体表に光が当たっていることを感じていることであったりする。私がいなくなっても世界は残るのだろうけれども、私において存在する世界は、私がいなくなったときに消えてしまう。それが惜しいと思う」。この部分を読んで泣いたんですけれど、こんなにエモいところで終わっていいのかということも同時に思いました。

では、小泉さんにまずお伺いしたいです。他者概念の立て方がこれでいいのかどうかということについてはいかがでしょうか。

小泉　一九八〇年代後半あたりからでしょうか、いま振り返れば、八九年の出来事も契機になって、現代思想や文化研究などで、自己よりは他者を、自己と他者の関係よりは他者を押し立てて政治や倫理を見直すという他者論の流れがあり、その際に被差別者や被抑圧者を他者として据える流れもあって、立岩さんもそれに呼応して議論していたところがあると思います。ただ、その他者論、他者を押し立ててのそこからの議論は、場合に応じて揺れていて、議論としてはそうかもしれない程度のことになっていると思います。そして、立岩さん自身はエモくなってしまったということですが（苦笑）、他者論にはそういうところがあるというか、どうしてもエモい人、いい人だと、そのように受け止められるところがあって、それはそれでよいとも思うのですが、やはり論争的な場面、論敵を想定しているような場面ではうまくいかないと思うんです。例えば、他者は、胎児のことなのか、既に生まれた子どもなのかで全然違う。全然違うと前提されているわけですが、こうした同じような他者における差異を抜きにして他者の他者性を同じであるかのようなものとして一般的に論じてもしょうがない。差異に切り込まないと論争にはならないわけです。いや、だからこそ揺れていたと言ってもいいのですが、やはり場当たり的には見えますね。ただ、先ほども言ったように「感覚＝論理」には少し惹かれるところもあります。私自身もそんなつもりで書いてきたこともありますし。

稲葉　岸さんのご指摘にはほとんど同意しています。けれども一つ言うとすれば、『私的所有論』が出たのは九七年ですね。その時期において他者論は既に結構流行っており、見様によっては陳腐化する局面に入っていたとさえ言えなくもありません。そういうわけですから立岩さんは流行に乗ったり、単なるお勉強の展開として他者論を書いたのではなく、障害者の自立解放運動に付き合ってきたりもしていたので、社会運動や生活実感の中から、自分で考え出してきたのだと思います。それがたまたま時流と合致していたということではないでしょうか。実際のところ、彼はレヴィナスを生涯真面目に読んでいなかったと思いますし、少なくとも『私的所有論』を書いた時には読んでいないでしょう。当時真面目に読んでいたとすれば、せいぜいフーコーだと思います。ですから、彼の他者論自体は誰かの模倣ではない。だから彼が批判されるべきだとしたら、「レヴィナスとか誰かの模倣をしたから駄目だ」というのではなく、「レヴィナスの他者論は駄目だ」というのとまったく同じレベルで「立岩の他者論は駄目だ」といわなければならないと考えています。その後、小泉さんのご指摘にもある通り、他者論は結局ブームになり、立岩さんのそれまで含めて一つの理論潮流として出来上がってしまった。こうした他者論のどこがまずいかというのは普遍的な問題としてあり、その中で、立岩さんの議論もまた批判や評価をされなければならないと思いました。その程度には『私的所有論』の他者論はきちんとしたものだと思うんです。

先ほど岸さんが東大の話を少ししていました。立岩さんというその中では異質な人がいたんだけれど、やはり彼もまた東大社会学の人ではあった、と。彼の出版レベルでのデビュー作は『生の技法』で、これは実証的な運動論や政策論の本だったりします。一方、その傍らで『ソシオロゴス』などに投稿し、『私的所有論』の元になるような理論的ものをも書いていた。ちなみに、先ほど岸さんがおっしゃった図はどう考えても橋爪さんの真似なのですが、橋爪さんと違って分からないですね（笑）。つまり、立岩さんは社会運動に同伴する地道な実証家でもあったけれど、抽象的な理論家でもあった。それが『私的所有論』でどの程度クロスしているのかが問題です。その時期の東大社会学は、教員たち以上に、ODだった橋爪さんや内田隆三さんたちが作り、その後に若い世代として大澤さんや宮台さんが現れたわけです。そういう空間に理論家としての立岩さんもいたわけですよね。

ここで興味深いのは、障害者運動・政策についての研究者としての立岩さんにはたくさんの継承者がいますが、『私的所有論』の理論家としての立岩さんにはそれがあまりいません（明確な批判的継承者として思い浮かぶのは、野崎泰伸さんくらいでしょうか）。実は似たようなことは、一九六〇年前後に生まれ、当時華々しく活躍していた人々全体について言えるかと思います。彼らの影響力は社会学内外、アカデミズム内外に確かにあるのですが、それがその後の学問としての社会学においてどのように継承されたか、は実はよく分かりません。大澤さんも、宮台さんも、彼らの学問は一代で終わりそうな感じがしますよね。東大の言語研に集結したあの世代の中で、ほぼ唯一、アカデミックな社会学者として世界に出ていったし、アカデミシャンとして後進を育てたのは、西阪仰さんという人だと私は思っています。たしか西阪さんは言語研唯一の非東大の会長じゃなかったでしょうか（早稲田の大学院出身）。西阪さんは日本におけるエスノメソドロジー・会話分析の第一人者で、ある時期以降はもっぱら英語で査読論文を書いている。西阪さんの仕事は確かに継承されていますが、それはまさに地味な学問、サイエンスとしてですね。（あとから思い返すと、吉見俊哉さんもメディア研究の世界的ネットワークの日本代表として活躍されましたし、後進の研究者を育てられましたね。理論家としてよりは実証研究者として。）こう考えていくと、立岩さんにはいろいろな顔があり、一代限りで終わる思想家・立岩の部分があるとすれば、それとは異なり継承されている部分もある。しかし少なくとも『私的所有論』の立岩の理論・思想は、一代で終わりかねない懸念がある。

これは社会学の次元にとどまる問題ではありません。立岩さんの『私的所有論』の面白いところは、規範理論を禁欲してきた社会学の伝統のなかで、「その禁欲は美徳ではないから、あえて規範を語ることにした」と、勇気ある転身をしたというところにあったと思います。ただ日本の社会学プロパーにおいては彼に続く人がいない。一方、規範理論を語ってもいいことになっていた哲学・倫理学プロパーにも、私的に立岩さんにインスパイアされている人は探せば結構いると思います。ただ表だって立岩さんに言及する倫理学者などがいるかというと、ほとんどいない。経済学者でもそうですね。なぜそうなのか。この理由は気になっています。だからこそ、立岩真也という人物がどういう脈絡の中に出てきたかを確認しておく必要があります。大澤さんや宮台さんらと同門の友人であったというだけではなく、当時の、東大の狭いサークルを超えた、日本の社会学全体の思想状況の脈絡が恐らくあります。『私的所有論』については、その他者論の肝心かなめのところはもちろん彼が自身で考えたのであり、わかりやすく明確なお手本はいなかったと思いますが、それでも学問的には、表立っては規範理論ではないフーコーが一番重要な先達になっていたというのは分かる。ただそれだけではなく、先ほども報告しましたように西洋マルクス主義、特に日本の独自の流れである市民社会派的な伝統は、それほど明示的には言われていないけれど、無視できないのではないかと考えています。友人たちというより師匠にあたるだろう、上の世代の見田宗介、吉田民人といった先生方のことは立岩さんも意識していて、見田先生も吉田先生も市民社会派を踏まえていた。このような脈絡まで見ていかないと、理論家としての立岩真也の全体像はうまく浮かび上がってこないだろうという気がしています。

それからエモいという、感情、感覚の話です。私からすると、近世自然法学の流れについて、立岩さん自身がどの程度自覚していたかは分からないけれど、自然法学の思想が立岩さんのなかにもこだましている感じがしますね。小泉さんはザミュエル・フォン・プーフェンドルフの名前を出されたけれど、彼に限らず、スコットランド啓蒙のいわゆる道徳感覚学派からの影響もあるのではないでしょうか。ヒューム、スミスなんかも含めた道徳哲学ですね。道徳を理性によってではなく、直観や感覚によって基礎づけよう、という潮流が近代道徳哲学の中にあって、その残響は立岩さんの中にもあると思います。ただ、あまり自覚的に継承しているわけでもないだろうから、その脈絡が読み解きにくい。言ってみれば、「我々の道徳・正義感覚には合理的根拠があるはずだ」、という直観は立岩さんのなかにもある。しかし、その合理的根拠は単なる感覚なので、私たちは理性的にはそれについて知らない、自覚していない。でも、そこにはなんらかの根拠があるに違いない、その根拠は何だろうか、という考え方に導かれて立岩さんも書いていると思います。これは言ってみれば、広い意味で社会学を導いてきている機能主義な発想でもあるし、適切に理解された意味での進化論的な発想でもある。存在していることは、合理的である、という。ただ、これは単なる作業仮説、探究の出発点であるにすぎなくて、結論ではない。そこから始まった探究の結果、何か合理的なものが本当に発見されないとしょうがないわけです。

ここで『私的所有論』を見てみると、女性の自己決定権の問題と、障害者運動との対立の話が一番の結論とは言えないけれど、割と後半に出てくるというのは重要なことだと僕は思っていて、それはまさに彼、立岩さん自身にとって重要な問題だったからでしょう。感覚としてはどちらの感覚もある。女性の自己決定権を擁護したい感覚も、障害者の生を肯定している感覚もある。そしてその感覚は単なる感覚ではおわらなくて、定着している感覚には全て合理的な根拠があるはずだ。ところがその両者の合理性がぶつかって、どうも両立しないらしい。でもどちらにも理があるはずだと、いう、思い込みがあるわけです。その思い込みを捨てなかったことは、彼の思想家としての美質だし、学問的にその問いに付き合ったことは立派なことだと思います。ただやはり結論は出せていない。結論は出せないということに関しての僕らの結論の出し方は、今日話した通りですね。

要するに永井均先生が「ニヒルな闘争とマテリアルな闘争」と言ったのと同じようなかたちで、絶対に解けないような種類の問いがある。結局女性の自己決定権、その延長線上での人工妊娠中絶や選択的中絶の権利と、障害者の尊厳の尊重は絶対にぶつかり合う。調停できる、より深いレベルの根本的な規範は存在しない。ですから、エモくなってしまう。エモさには合理性があるはずだ、と。エモいところから出発して冷たく学問的に終われれば美しいけれど、結論もエモくなってしまうというのは、解きがたかったからじゃないかと思います。この解きがたさを立岩さんが自覚していたかどうかは分かりません。「解けるはずだ」と思ったままだったかもしれない。小泉さんはどう思われますか。

小泉　ほぼ同意しますね。立岩さんのアプローチの後継者が出てこなかったということについては、私などはむしろ、規範理論と社会理論が実は統合できない、そもそも統合などできないように現実はなっているからではないかという気持ちがあります。実際、ロールズにしても、各種の平等主義的リベラリズムにしても、たまに指摘はされてきましたが、その理論構造からして障害者などを位置づけることができなくなっているし、他方、社会理論については、それこそ例えばプーフェンドルフなどの自然法学やフィジオクラートとか、ともかくそういったものの現代化など誰も考えてはこなかったわけですから、後継など起こりようがなかったと思います。立岩さん自身は規範理論を気にはしていていくらか論じたりもしましたが、それこそアカデミーには響きようがなかったわけで、そんな事情もありますね。

中絶の事例は、稲葉さんがまとめたことに事実尽きる、ぶつかるようになっているに尽きるし、そこで議論は終わるのだと思います。もちろん、そこを調停ないし総合するには、殺すことについて一部肯定する倫理を押し出す手はあるのですが、そんなことを言ってもね、という気持ちになります。そして、他の場合でも似たようではないかという感じは少ししますね。物事には必ず二面があるという落とし方ですね。あとご指摘のように、立岩さん自身は、市民社会派を気にしていたと思います。平田清明などは教養の範囲にあったのでは。それこそ内田義彦を好きだった感じがありますね。

稲葉　共同性が密輸されているという話でしょうか。人の人ならざる定義の話も恐らく関係してくるとは思うんですけれど。

小泉　ええ、共同性、失われし共同性みたいなヴィジョンは隠し持っていた気がします。人ならざる人ということでは、例えば動物倫理についても、「殺して食わないと生きていけない」ということが先立っていると思います。ただ、「殺していい」と言うのは難しい。それがひたすら出発点になっている。ですからああいう書き方になってしまうわけです。

岸　「生きていかないといけない」ということが根底にある。飯を食わなければいけないということが、ずっとある感じはします。

一方、小泉さんは、そこにいる「感覚＝論理」を歴史人類学的に研究しなければならないとおっしゃっていました。この点をもう少し説明していただきたいです。

小泉　立岩さんが言うような他者と自己の関係、他者への配分を原理とする社会性は、歴史的に必ず成立している事態だと思うんです。私は何か人類学的とでも言ってよい基盤があると思っています。立岩さんに問いただせば認めたと思うんですが、それは共産主義の理念ですよね。カール・カウツキー流に言えば、中世の共産主義の理念です。プーフェンドルフの社会状態論にしても、私の理解だと国政論や市場論と切り離された、ある社会状態、共同体的な社会状態の議論になっている。それはホッブズでも、ロックでも、所有論を通してでさえ見出せるとは思っています。

岸　先ほども稲葉さんがおっしゃりましたが、理論的なことをオールドスタイルに書きながら、障害や生命倫理のような具体的な問題にコミットしているのは珍しいという意味でも、世代的に過渡期の人だったと思います。現在、私の世代から下くらいは社会学者としては職人化しています。『社会学はどこから来てどこへ行くのか』（岸政彦・北田暁大・筒井淳也・稲葉振一郎著、有斐閣、二〇一八年）という本を作りましたが、私は北田暁大さんとの対談で、「これからは職人でいい」と言いました。これは提言ではなく、現状の記述なんです。

そこで立岩さんの議論のスタイルを見ていくと、これまでも話題に出た自己決定論では駄目で、そこではいろいろな矛盾が起こっているという時、それは問いとしてはすごく切実で、私自身も調査をしながら思うところがあります。一方、その答え方としては、違う論理を立てるということが社会学者の仕事なのではないかとも思っています。私にとっての『私的所有論』の読みづらさはこの問題にあり、当時あまり理解できなかったんですよね。小泉さんのご指摘にもありましたが、「感覚＝論理」が基盤にあるにもかかわらず、論理で議論を進めようとする。しかし、論理上の問題に論理で答えることはできない。論理的にはぶつかってしまう問題があるけれど、一方で現に目の前に障害者がいるわけですよね。その時、私としては、立岩さんが施設なり学校なりの調査をしていたら、どう書いただろうとつい思ってしまう。立岩さんがフィールドワーカーだったら何を書いただろうかと。でも、少なくとも立岩さんは一次データを集める人ではなかったわけです。それで結局、継承者がいなくなってしまったのではないかとも思うのですが。

例えば、ラディカル社会学が八〇―九〇年代くらいに出てきて、実証的な社会学を問い直すということをやっていきますよね。当時、フィールドとしては被差別部落で調査したりしていましたが、ナラティブが大事だと主張したりしていた。私からすると、この当時の論文を今の研究に生かすのは難しい。更に前の、戦後第一世代の山本登や、大阪市立大学を中心とした社会病理学を専門とする研究者たちによる、被差別部落で実態調査に入って、一人当たり畳何畳分で寝ているとか、一日あたりのどれくらいのカロリーを摂取しているだとかを書いた、ベタな報告書のような論文が今の研究をする時に役立ったりするんです。だから立岩さんも調査すべきだとまでは全然思わないのですが。ラディカル社会学も解放社会学も、東大から一部出てきたところもありますから、どう付き合ってきたのかも含め、いろいろ聞きたかったですね。

小泉　少し補足します。これは立岩さんが本当に言っていた話なんですが、少し上の世代に大澤さんや宮台さんがいて、「彼らが理論をやっているから自分はやらなくていいと思った」、と。

稲葉　改めて立岩さんの仕事を見ると、社会学における理論を最前線において書くことからは退いたとしても、哲学的倫理学や政治哲学からの影響はありますよね。『自由の平等』などでは、こうした方面に戦線を伸ばしたかったんだと思います。

岸　そうなると、理論とは何かという話になりますね。理論にはいくつタイプがあって、例えば、理解するための社会理論があります。立岩さんの仕事からは少し距離があります。今の社会はこうなりつつあり、他者の行為とはこういうものだといった社会理論に行かずに、いきなり規範的な議論を展開して答えを出そうとしてきた感じがします。「こうすべきだ」といった規範的な議論は、私からすると社会学の理論の中でのごく一部です。ですから、立岩さんにも違う答え方があったのではないかと思います。

それと同時に矛盾するようですけれど、『社会学はどこから来てどこへ行くのか』でも書いたように、社会学は現在非常にテクニカルな議論を展開するようになっていますよね。哲学でもそうで、分析哲学や実験哲学がそれにあたりますね。こうした潮流のなかでは、立岩真也的な問いの立て方、つまり「こうすべきだ」という規範的な大風呂敷はほぼ絶滅している。私としては、それはそれで引き継いでいかないといけないと思っているんです。社会学を実証科学にしていくということも一方では大事な仕事としてはあるんですが、同時に大風呂敷を広げるような問いの立て方もきちんと受け継がなければならないと思っています。

小泉　『自由の平等』がそうだと思いますが、念頭にあるのは規範理論の典型としての厚生経済学で、これを仮想敵にしている。とはいえ立岩さんは――彼だけでなく僕なんかもそうですが――厚生経済学の問題を綿密に議論をする力量もなければ勉強もしていない（笑）。ただ、厚生経済学に対して、なんとなく批判的な感覚がある。というか、面白くないですよね。数理的に追っても発見がある気がしない。こうした部分をきちんと語ってくればありがたかったのですが。立岩さんのスタイルとしては『自由の平等』のような書き方になるわけです。

稲葉　『私的所有論』が少し重すぎたということでしょうね。あれだけたくさんの本を読んで、更にその上に自分で考えて書いたものですから。その一方、『自由の平等』では、それに比べるとちゃんと勉強して書いていない、というか、それまでの蓄積の消化の前に、自分の思いが先走っていますね。どうも哲学者からこの本の点が辛いのは、テキストをきちんと読んで書かれていない疑いが強いからです。私もその通りだと思います。でも『私的所有論』は（少なくともフーコーなどクリティカルなところは）本当にきちんと文献を読んでいますよね。あれは真面目に社会学を勉強した成果です。岸さんも追悼エッセイ「立岩真也の思い出」（『新潮』二〇二三年一〇月号）で、それまで立岩さんや読書はもちろん映画もたくさん見ていたのにパタッと見なくなった、というエピソードを紹介されていますが、おそらく彼はある時以降、仕事が多くなりすぎて、もう勉強なんかしてられなくなったわけです。今手持ちのものをそのまま出すので精一杯で、自転車操業になったんだと思うんです。

岸　立岩さんご自身が、ここ二〇年ぐらい本を読んでいないと言っていました。院生の博論の草稿しか読んでいない、と。

小泉　それは人のことを言えない話ですね（笑）。ただ調査のことで言えば、立岩さん自身はインタビュー調査しかやっていなくとも、彼の院生や共同研究者が調査をやっていますよね。その時、繰り返しになりますが、調査の位置づけが運動の記録をつくるということだけだったらいいんですけれど、実際には、彼が教えた人々や、一緒に研究・運動をしてきた人々の調査もしています。かれらは概ね専門職、準専門職関連の人々です。こうした問題について、彼がどう思っていたのかはやはり知りたかったです。

岸　そろそろまとめていきましょう。歴史人類学的になっているという視点が、今日は非常に納得するところがありました。

小泉　例えば最近でも、縄文時代のもので、難病にかかっていたようだけれど、高齢になるまで生きていたという頭蓋骨が見つかったということがある。そういう話を聞くと、私は単純にジーンと来てしまうわけです（笑）。社会も捨てたものではない、人間も捨てたものではないと、立岩さんのようにエモくなってしまう。

「感覚＝倫理＝論理」について、実際には立岩さんが言うようなことが起こっていると思うのです。ただ、それをきちんと展開するという風には立岩さんは進まなかった。

稲葉　感情・感覚の背後に合理性があり、その合理性の水準に話を落として、論理的に展開しようとすれば、分析的政治哲学になりますが、それが全てではないですよね。実際には、チャールズ・テイラーやアラスデア・マッキンタイアの仕事などが典型的ですが、思想史と倫理学を絡めて、思想的な試行錯誤の歴史を、そのような「合理性の非合理的な探究」と解釈するようなやり方がある。更に最近だとそこに、歴史学プロパーから感情史というアプローチが出てくる。立岩さんの場合も、フーコーのように歴史探究と不可分な形で書かれている理論的な仕事と触れ合ったのではないかと思います。こうした可能性については、いかがでしょうか。

小泉　そういう方向だとは思います。ただ、道理として引き出して議論にはできないと思います。先ほどおっしゃったように、規範理論として取り出して立てようとすると、やはり難しい。コミュニタリアンであってもそうです。

稲葉　ただ、感覚としては、そういう歴史的な厚みを背景に我々は生きている。そのことを認めよう、という、そういうセンスは確かに共同体論でもそうかもしれません。

岸　先ほど言いたかったのは、例えば今ある他者について書くというのは、ものすごく現状肯定になるということです。機能主義と結びつけて稲葉さんがおっしゃりましたが、機能主義はものすごく現状肯定の理論ですよね。あらゆるものが全部役に立っているんだ、という。私も「他者の合理性」を最近必死に主張していて、これはそれぞれ行為には理由があるはずだというくらいの大雑把な議論なんですけれど、すると全部の行為を肯定することになってしまって、責任免除になってしまう。つまり、加害者の理解ができるかどうかというところで止まっているんです。

それで先ほどの小泉さんのご指摘を踏まえると、立岩さんが障害者や子ども、高齢者に対して「我々が既にケアしているんだ」という議論を立ててしまうと、障害学や障害者運動の方からは保守的だと、「実際には全然ケアが足りていないじゃないか」と言われたんじゃないかと思います。

小泉　それは自覚があったと思います。そのあたりは星加良司『障害とは何か』（生活書院、二〇〇七年）が、これは『自由の平等』以降について、唯一のまともな立岩論を含んでいますが、間接的に触れてはいるところです。

岸　立岩さんは規範的な理論について、抽象度の高いところにこだわっていたところがありますよね。私は調査についてネガティブな意味で心に残っている話があります。それは立岩さんの話ではなく、あるマイノリティ当事者の社会学者が、ポロッと言っていた話です。「僕は現実に対して怒りが強すぎて調査なんかできない」んだ、と。それを聞いて、「やっぱりそうなんだ」という感じがしました。沖縄では基地に賛成する人もいますし、出生前診断を受けて中絶してしまう人もいるわけですし。調査対象者を批判するということは現状できないので、肯定するしかないわけですよね。調査対象者をつくるということを、直感的・本能的に避けていたというのもあるのではないかと思いますけれど。

小泉　私は別の目線から見ていますが、そのご指摘は確かにそんな気がします。先ほどのニヒルの闘争とマテリアルの闘争は、俗的に言えば階級闘争ではないですか。立岩さんは学生を指導するとき、例えば福祉作業所やナースステーションを調査するとして、「まず金勘定から調べろ」と言っていました。つまり、会計簿を調べてこい、ということです。私も全く同じことを思っています。具体的に金勘定して、その中で何をどう改善するかだとか、施設と行政との関係をどうするかだとか、そういうことを全部見て研究しなければならないと言っていたわけです。彼はそこは揺るがなかったと思います。私の言い方で言えば、タフな改良主義者です。そのようなことに限定したということでしょうか。他方で、他者性ということでは、ポリティカルにどうよと思われる人々やその営為・生についても肯定的に叙述するということ、それこそ文学が担ってきた仕事をやらなければならないという気持ちはあります。立岩さんに則して言えば、運動の担い手だけではなく、それに敵対していた人々の調査ということになりましょうか。

岸　安楽死の問題に相対したときに、小泉さんの言い方をパラフレーズして言うと、「死ぬことはない」という話ですよね。「死ぬな」ではなくて、「死ぬことはない」。生きていて感覚を感じるということは、世界が自分の中に入ってくるということで、それは多分いいことなんだろうということを、こちらが赤面するほど世界に対して肯定的に書いている。こういうところがものすごく僕は好きなんです。もっと立岩さんの話を聞きたかったですね。これに尽きます。

あとがき

稲葉振一郎

「あとがき」で書くべきことの大半は岸政彦の「はじめに」で既に書かれてしまっているし、現時点で言いたいこと、言わねばならないことは本文中におおむね盛り込めたので、ここでは別に新しい知見や情報は提示せず、念押しだけしておこう。

いかに異様に見えようとも、立岩真也もまた社会と学問の歴史のなかにいてそれを継承する存在である。だから、彼の文章のわかりにくさに辟易したら、あえて乱暴に紋切り型にカテゴライズして、ラベルを貼ってわかった気になるのも悪くはないと思う。そうすれば、他のもっとわかりやすい議論との比較や関連付けにおいて彼の文章を理解する手掛かりが得られることもあるだろう。

そんな風に敢えて彼のかけがえのない個性だのその一回性だのを暴力的に無視してレッテル貼りをするならば、『私的所有論』における彼の議論を「左翼リバタリアニズム」の一種と片付けてしまうことは不可能ではないし（リバタリアンの立場からの森村進による立岩批判は、だから外野からの無理押しというわけではなく、ちゃんとした内在的批判なのだ。森村『リバタリアンはこう考える』信山社、二〇一三年）、あるいはミシェル・フーコーに忠実な一種のアナキストと括ってしまっても別に間違いとは言えない。ただ同じくラベル付け、レッテル貼りしてカテゴライズするとしても、比較的しっくりくるやり方もあれば、牽強付会な押し付けとしか言えないやり方もある。議論の構造などの見かけだけを頼りにしたレッテル貼りではなく、同じレッテル貼りにしてももう少し内在的に、彼自身がある程度自覚的に引き受けていた伝統だの流派だのを重視してやった方がいいことはもちろんである。

そうするとこれは報告でも述べた通り、若き社会学徒立岩が育った一九八〇年代の東京大学の社会学研究室、彼の師匠であった吉田民人や見田宗介といった先行世代の社会学者・思想家たちや、同門の先輩後輩たち、橋爪大三郎に内田隆三、大澤真幸に宮台真司はもちろん、佐藤俊樹、若林幹夫、吉見俊哉、尾中文哉、何より市野川容孝、といった面々が重要である。若き立岩が吉田や見田の薫陶を受けその理論と格闘していたとすれば、当然に彼らが踏まえていた平田清明らのいわゆる「市民社会派」のマルクス経済学、更には廣松渉の物象化論は強く意識されていたはずだし、橋爪や内田の導きの下、フーコーを含めたフランス構造主義・ポスト構造主義とも格闘していたはずだ。報告でも触れたが、具体的には『私的所有論』第1章注11において、吉田民人を経由して平田清明に言及されている。

しかしそれ以上に、おそらくは「青い芝の会」が代表する日本のラディカルな障害者解放運動、そこに体現されていた思想が、若き立岩にとっての出発点であると同時に終生の導きの星、だったのではないか。『私的所有論』に先立つ『生の技法』にしてからが自立生活運動の研究であり、その当事者たる安積遊歩との共同作業の産物であった。それだけではなく、青い芝の会との同時代の日本のラディカルな社会運動の歴史的掘り起こしに、その早すぎた晩年における立岩は精力を注いでいる。R・D・レインらと同時代に、しかしそれとは独立に展開した日本の「反精神医学」の再評価を試みた『造反有理　精神医療現代史へ』（青土社、二〇一三年）がそれである。もちろんこれらの潮流は、当事者たち自身の言葉によっても同時代的に表現されてきたが、その十分な整理はされないまま、特に後者は精神医療全般の急激な生物学化もあって忘れられがちであったのではないか。ひょっとしたら立岩の仕事は、これらの運動の体現した思想の体系化、理論化を目指したものとしてまとめてしまってもよいのではないか――しばしば私はそのような思いに駆られる（このような歴史の掘り返しという仕事は、立岩が見出した後進の大谷いづみや後藤基行らによって、よりアカデミックな意味で堅実に継承されていくだろう）。

だとしたら同時に、これもやはり報告でも触れたが、立岩は一種の「ナショナリスト」であったのだと言えるのかもしれない。国家主義者だとか民族主義者、いわんや日本主義者だというわけではない。排外主義や差別主義とは終生闘った立岩である（動物倫理批判が動物差別ではないかという問題は措くとして）。しかし歴史を顧みるならば、ナショナリズムと近代デモクラシーは切っても切れない関係にあることは、一時立岩の（広い意味での）同僚だった西川長夫によって人口に膾炙した——しかし実際にはその学問的確立者は日本においては『近代世界と民衆運動』（岩波書店、一九八四年）の柴田三千雄であるだろう——「国民国家論」によって明らかにされた。戦後民主主義とナショナリズムの不可分性は小熊英二『〈民主〉と〈愛国〉』（新曜社、二〇〇二年）でも活写されていたではないか。民衆の水平的連帯を担保する根拠としてのネイションという幻想の功罪は切り離せない。そして立岩はもちろん、筋金入りのデモクラットだった。しかしなによりここは、報告でも引用した『私的所有論』の一節を今一度読み返すべきだろう。

この国で起こった出来事は、ほおっておけば散乱し消えていくだろう。『生の技法』という本を書いた時、本当にそう思った。例えば戦後の優生とその批判の歴史を記述しておく作業をしたいと思う。でないと、何のおとしまえもつかないまま、「生命倫理学」が日本にも輸入されて「患者の権利」が主張されるようになった、などと言われることになるだろう。「国際障害者年」の到来とともに「ノーマライゼーション」の概念が入ってきたといった間抜けな言説と同じである。（『私的所有論』「おわりに（一九九七年初版）」第2版、八五四—八五五頁）

こう書くと語弊があるかもしれないがここでの立岩にはある種「国士」のたたずまいがある。

「国士」というと右翼だ、というわけではない。熊野純彦は師の廣松渉について「国士」と評してはいなかっただろうか（熊野『戦後思想の一断面　哲学者廣松渉の軌跡』ナカニシヤ出版、二〇〇四年）。漏れ聞こえる遠い西洋の、世界の動向に歯噛みしつつも閉鎖した日本の現状を改善すべく自力で苦闘した挙句、いざ開国、維新を経てみると、何もかも西洋の輸入で事足りたかのように錯覚して安穏とする人々を前に悲憤慷慨した広い意味での志士たち（またしても語弊があるが、勤皇と佐幕を問わず）が、かつて日本にはいたはずだ。いや昭和期においても、GHQの占領軍を解放軍扱いしてはしゃぐ輩を苦々しく思っていた人々が。立岩の場合もまた、六〇年代の反乱から七〇年代におけるその余燼というコンテクストの中で、同様の憤懣を覚えていた一人として理解することができるのではないか。非常に乱暴に言ってしまえば、彼もまた日本において「土着的近代化」に苦闘した思想家の系譜につながる一人なのではないか、と。「この人類普遍の問題について、俺はお前ら西洋人に言われるまでもなく自分で考えてきたし、その際俺の同胞（それは必ずしも「日本人」というわけではないだろうが、在日外国人を含めた日本語話者ではあろう）の苦闘の成果を頼りにしてきたのだ」という叫びを、そこに聞き取ることはできないか。

　このような意味での「国士」的生き方とは本人の意思ではどうにもならない体質、あるいは運命のようなもので、理論的にであれ実践的にであれ、立岩の仕事を継承するにあたって「国士」である必要はさらさらないだろう。だが人によっては立岩の中に「国士」を見いだすことで、理解や共感のきっかけを得ることもまたあるかもしれない。

本書のもととなったイベントの経緯については「はじめに」で岸が述べたとおりであるが、このような書籍になったいきさつについては私から説明しておこう。立岩が亡くなってほどなく、青土社『現代思想』の編集担当（当時）の村上瑠梨子さんより立岩真也追悼特集への寄稿依頼があって、既に開催が決定していたイベントのための準備稿（本書に収録した第一部）の前半を流用して「『私的所有論』再読」を寄稿した。その行きがかりもあって、村上さんからこのイベント、鼎談の『現代思想』誌上収録のお話があったが、当方としては既にイベントの時間内にはおさまらない報告準備稿を仕上げていたこともあり、小さいものであっても独立した書籍としての公刊を希望し、この企画が成立した。その後村上さんは青土社を離れることとなり、編集実務は菱沼達也さんに引き継がれて本書は成立した。

内容的にはイベントの忠実な書き起こしというわけでは必ずしもなく、第1部と第2部は事前に用意した報告用原稿がもとになっており、当日はその半分程度のごくかいつまんだ話しかできていない（特に稲葉）。それに対して第3部は報告を受けてのフリートークの書き起こしに手を入れたもので、比較的イベントとの乖離は少ない。

刊行までにやや時間がかかったものの、それでも旬を過ぎないうちに書物として公刊することができたと思う。関係各位のご尽力に感謝する。本書が少なからぬ立岩の後継者たちによって、またあるいは後世において立岩真也を歴史的な研究の対象として選んだ人々によって、便利に使っていただける踏み台となることを願う。

二〇二五年二月
稲葉振一郎

立岩真也（たていわ・しんや）
1960 年生まれ。著書に『自由の平等——簡単で別な姿の世界』、『ALS——不動の身体と息する機械』、『希望について』、『家族性分業論前哨』、『私的所有論　第 2 版』、『造反有理——精神医療現代史へ』、『自閉症連続体の時代』、『精神病院体制の終わり——認知症の時代に』、『増補新版　人間の条件——そんなものない』、『不如意の身体——病障害とある社会』、『病者障害者の戦後——生政治史点描』、『弱くある自由へ——自己決定・介護・生死の技術 増補新版』、『介助の仕事——街で暮らす／を支える』、『良い死／唯の生』、『人命の特別を言わず／言う』、共著に『所有と国家のゆくえ』、『税を直す』、『ベーシックインカム——分配する最小国家の可能性』、『差異と平等——障害とケア／有償と無償』、『相模原障害者殺傷事件——優生思想とヘイトクライム』、『生の技法——家と施設を出て暮らす障害者の社会学』 など。2023 年 7 月 31 日没。

＊

稲葉振一郎（いなば・しんいちろう）
1963 年生まれ。明治学院大学社会学部教授。専門は社会倫理学。著書に『リベラリズムの存在証明』、『経済学という教養』、『社会学入門——〈多元化する時代〉をどう捉えるか』、『宇宙倫理学入門』、『「新自由主義」の妖怪——資本主義史論の試み』、『社会学入門・中級編』、『AI 時代の労働の哲学』、『ナウシカ解読 増補版』、『社会倫理学講義』、『AI 時代の資本主義の哲学』、『宇宙・動物・資本主義』、『市民社会論の再生——ポスト戦後日本の労働・教育研究』 など。

小泉義之（こいずみ・よしゆき）
1954 年生まれ。立命館大学院先端総合学術研究科特任教授。専門は哲学、倫理学。著書に『兵士デカルト——戦いから祈りへ』、『デカルト哲学』、『ドゥルーズの哲学——生命・自然・未来のために』、『あたらしい狂気の歴史——精神病理の哲学』、『あたかも壊れた世界——批評的、リアリズム的』、『ドゥルーズの霊性』、『災厄と性愛——小泉義之政治論集成Ⅰ』、『闘争と統治——小泉義之政治論集成Ⅱ』、『哲学原理主義』、『弔い・生殖・病いの哲学——小泉義之前期哲学集成』 など。

岸政彦（きし・まさひこ）
1967 年生まれ。京都大学大学院文学研究科教授。専門は沖縄社会研究、生活史、社会調査方法論。著書に『同化と他者化——戦後沖縄の本土就職者たち』、『街の人生』、『断片的なものの社会学』、『はじめての沖縄』、『マンゴーと手榴弾——生活史の理論』、『調査する人生』、共編著に『質的社会調査の方法——他者の合理性の理解社会学』、『生活史論集』、『東京の生活史』、『大阪の生活史』、監修書に『沖縄の生活史』 など。

立岩真也を読む

2025年3月25日　第1刷印刷
2025年4月10日　第1刷発行

著者――稲葉振一郎＋小泉義之＋岸政彦
発行人――清水一人
発行所――青土社

〒101-0051　東京都千代田区神田神保町1-29　市瀬ビル
［電話］03-3291-9831（編集）　03-3294-7829（営業）
［振替］00190-7-192955

印刷・製本――双文社印刷

装幀――水戸部功

ISBN978-4-7917-7707-5